· 写给小学生的科学知识系列 ·

地理这么迷人

认识我们的地球

王 杰 ◎编著

吉林科学技术出版社

图书在版编目（CIP）数据

地理这么迷人 / 王杰编著 . -- 长春 : 吉林科学技
术出版社 , 2024.2
（写给小学生的科学知识系列）
ISBN 978-7-5744-0604-9

Ⅰ . ①地… Ⅱ . ①王… Ⅲ . ①地理—少儿读物 Ⅳ .
① K9-49

中国国家版本馆 CIP 数据核字 (2023) 第 132416 号

写给小学生的科学知识系列

地理这么迷人
DILI ZHEME MIREN

编　　著　王　杰
出 版 人　宛　霞
责任编辑　周　禹
助理编辑　宿迪超　郭劲松　徐海韬
封面设计　长春美印图文设计有限公司
美术编辑　黄雪军
制　　版　上品励合（北京）文化传播有限公司
幅面尺寸　170 mm × 240 mm
开　　本　16
字　　数　150 千字
印　　张　12
页　　数　192
印　　数　1-6000 册
版　　次　2024 年 2 月第 1 版
印　　次　2024 年 2 月第 1 次印刷

出　　版　吉林科学技术出版社
发　　行　吉林科学技术出版社
社　　址　长春市福祉大路 5788 号出版大厦 A 座
邮　　编　130118
发行部电话 / 传真　0431-81629529　81629530　81629531
　　　　　　　　　　81629532　81629533　81629534
储运部电话　0431-86059116
编辑部电话　0431-81629378
印　　刷　长春百花彩印有限公司

书　　号　ISBN 978-7-5744-0604-9　审图号：GS 吉（2023）153 号
定　　价　90.00 元（全 3 册）

目录

地球和地图

地球运动

- 自转
  - 自西向东，周期为1天
  - 产生昼夜更替、时间差异
- 公转
  - 自西向东，周期为1年
  - 产生季节变化、昼夜长短变化、正午太阳高度变化等

地球的形成

- 岩石、尘埃和气体
- 6500万年前形成现在的海陆分布

地球的形状和大小

- 两极稍扁，赤道略鼓
- 平均半径为6371千米，赤道周长约4万千米，表面积约5.1亿平方千米

地图

- 图例
- 比例尺 = 图上距离 / 实地距离
- 方向：上北下南，左西右东

地球仪

- 地球的缩小版模型
- 倾斜的角度为23.5°
- 地轴是一条假想轴

经纬网

- 经线（南北方向），纬线（东西方向）
- 南北半球：以赤道为界
- 东西半球：以20°W和160°E为界

地形图

- 等高线地形图
  - 海拔：某点高出海平面的垂直距离
  - 等高线：闭合曲线，同一条线上海拔相等
  - 判读：数值大→海拔高，数值小→海拔低，密集→坡度陡，稀疏→坡度缓
- 分层设色地形图
  - 高原、山地（褐色）：海拔500米以上
  - 丘陵（黄褐色）：海拔200～500米
  - 平原（绿色）：海拔200米以下
  - 盆地（黄色）：四周高、中间低

中心：**地球和地图**

天气、气候与人类世界

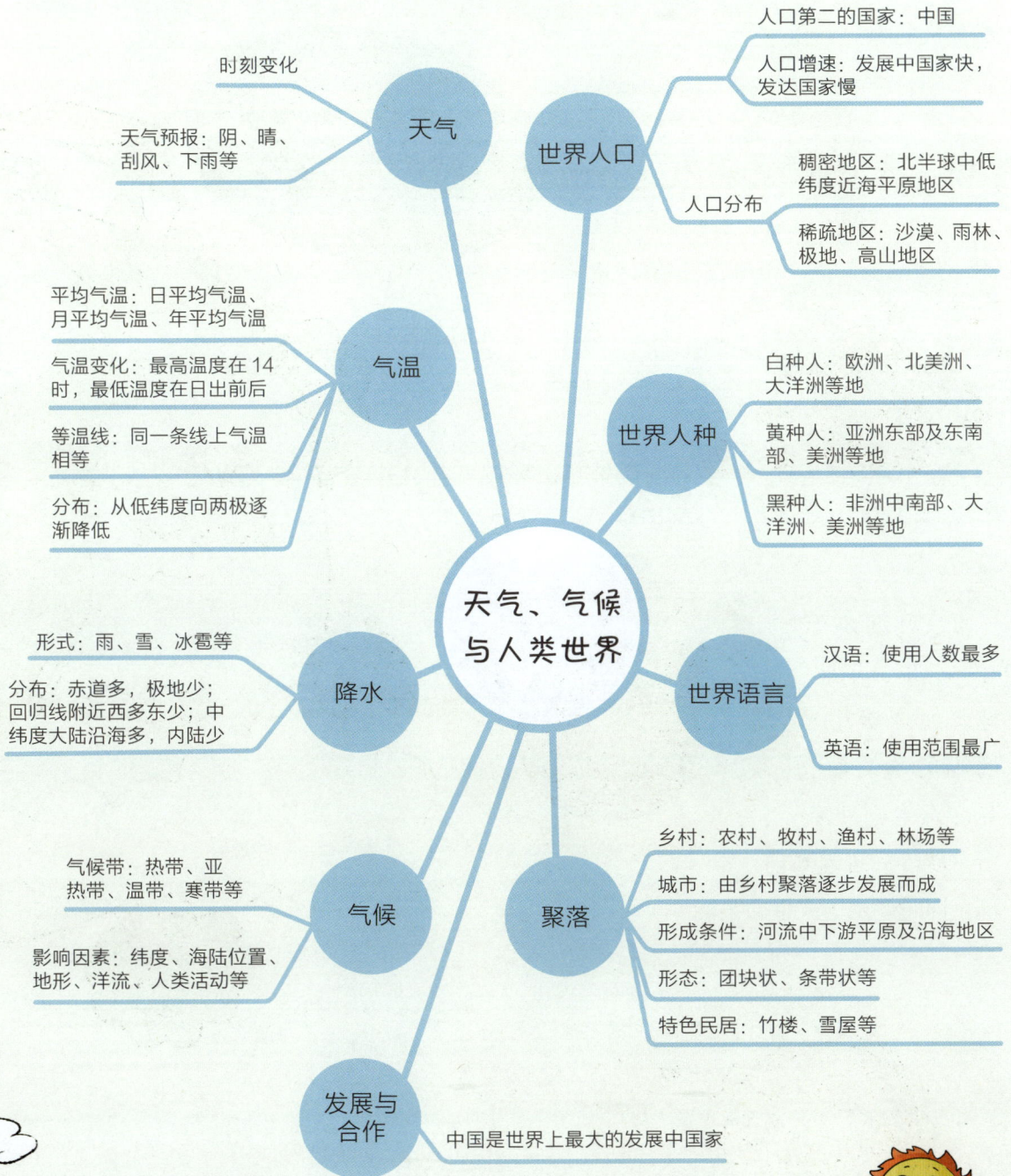

天气
- 时刻变化
- 天气预报：阴、晴、刮风、下雨等

世界人口
- 人口第二的国家：中国
- 人口增速：发展中国家快，发达国家慢
- 人口分布
  - 稠密地区：北半球中低纬度近海平原地区
  - 稀疏地区：沙漠、雨林、极地、高山地区

气温
- 平均气温：日平均气温、月平均气温、年平均气温
- 气温变化：最高温度在14时，最低温度在日出前后
- 等温线：同一条线上气温相等
- 分布：从低纬度向两极逐渐降低

世界人种
- 白种人：欧洲、北美洲、大洋洲等地
- 黄种人：亚洲东部及东南部、美洲等地
- 黑种人：非洲中南部、大洋洲、美洲等地

降水
- 形式：雨、雪、冰雹等
- 分布：赤道多，极地少；回归线附近西多东少；中纬度大陆沿海多，内陆少

天气、气候与人类世界

世界语言
- 汉语：使用人数最多
- 英语：使用范围最广

气候
- 气候带：热带、亚热带、温带、寒带等
- 影响因素：纬度、海陆位置、地形、洋流、人类活动等

聚落
- 乡村：农村、牧村、渔村、林场等
- 城市：由乡村聚落逐步发展而成
- 形成条件：河流中下游平原及沿海地区
- 形态：团块状、条带状等
- 特色民居：竹楼、雪屋等

发展与合作
- 中国是世界上最大的发展中国家

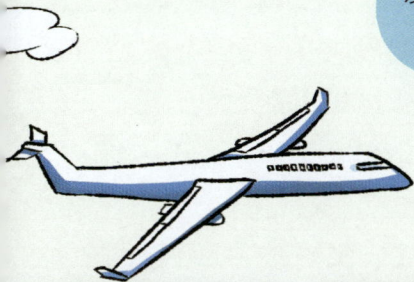

地球是怎样形成的

我们人类生活在地球上，地球就是我们的家园。可是，地球是从哪儿来的？又是怎么形成的呢？

大约在46亿年前，宇宙中的尘埃和气体不断收缩、凝聚，于是太阳诞生了。

在太阳形成的过程中，残余的岩石、尘埃和气体相互碰撞，慢慢融合，形成一些大的团块。

这些团块合并在一起形成了地球。地球吸引周围的小岩块与之发生剧烈撞击，破碎后进入其内部，同时产生了大量的热能。

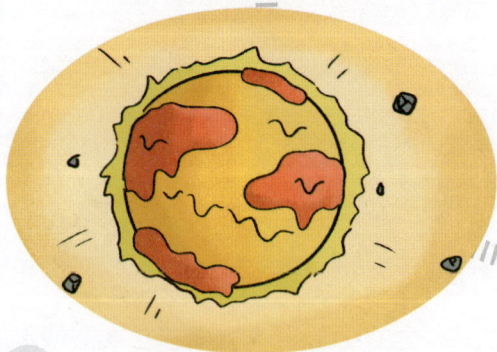

因此，地球最初形成时，是一个滚烫的火球，能够发出炽热的光芒，整个地球都处于熔融状态。

6500 年前，连成一体的陆地逐渐分成了几块大陆，并不断移动，最后形成了地球陆地现在的样子，地球也从一个毫无生机的星球变成了有多种生命的家园。

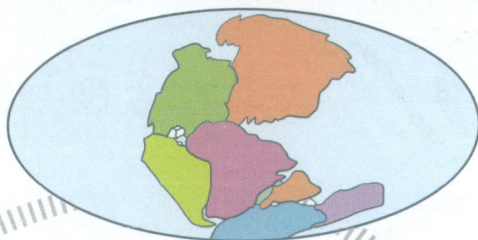

在距今 25 亿 -2 亿年前，被海洋覆盖着的地球表面逐渐出现了大片的陆地，当时这些陆地是连在一起的。

大气层中的大量水蒸气形成了巨大的云层，随之出现了大暴雨，一直持续了数百万年，于是便形成了最初的海洋。

在最初的数亿年里，地壳比较薄，地球内的岩浆不断上涌，地震、火山喷发随处可见。而从火山中喷出的大量气体，形成了地球早期的大气层。

然后地球开始逐渐冷却、重新凝固。较重的物质沉到地球中心形成了地核，而较轻的物质则上浮形成了地壳。

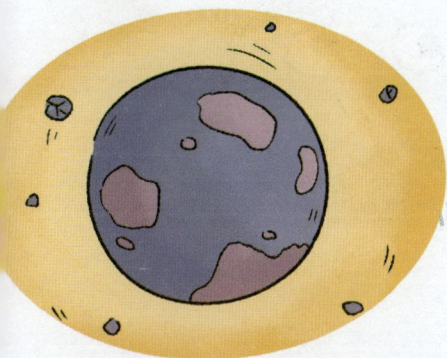

你知道地球是什么样子吗？顾名思义，地球就是一个"球"形的行星。这个问题现在看来非常简单，但在古代却是一个难解的谜，人类对地球形状的认识，经历了一个相当漫长的过程。

古代人活动范围狭小，大多是凭直观感受看世界。看到地面是平的，人们就认为整个大地都是平的，而天空却像倒扣着的一口巨大的锅，因此就有了"天圆如张盖，地方如棋局"的说法。

北京的天坛，是明清两代皇帝每年祭天和祈祷五谷丰登的地方，它的整体布局就是上圆下方，在现实中把天地的形象呈现了出来。

后来，人们根据太阳、月亮的形状，推测地球也是个球体，于是就有了"地球"的概念。

1519-1522 年，葡萄牙航海家麦哲伦率领船队完成了人类历史上第一次环球航行，他们从欧洲出发，穿越大西洋，跨越南美大陆南端的海峡，穿过太平洋、印度洋，绕过非洲南端的好望角，最后又通过大西洋回到欧洲。通过此次航行，他不仅开辟了新航线，还用自己的亲身实践证实了地球是圆的。后来人们为了纪念麦哲伦作出的巨大贡献，就把航行中经过的南美大陆南端的海峡命名为"麦哲伦海峡"。

20 世纪，人类进入了太空，开始从太空观察地球，并且从人造卫星上拍摄了地球的照片，证明了地球确实是一个球体。

知道了地球的形状，那地球有多大呢？人造卫星已经为我们做出了精确测量。

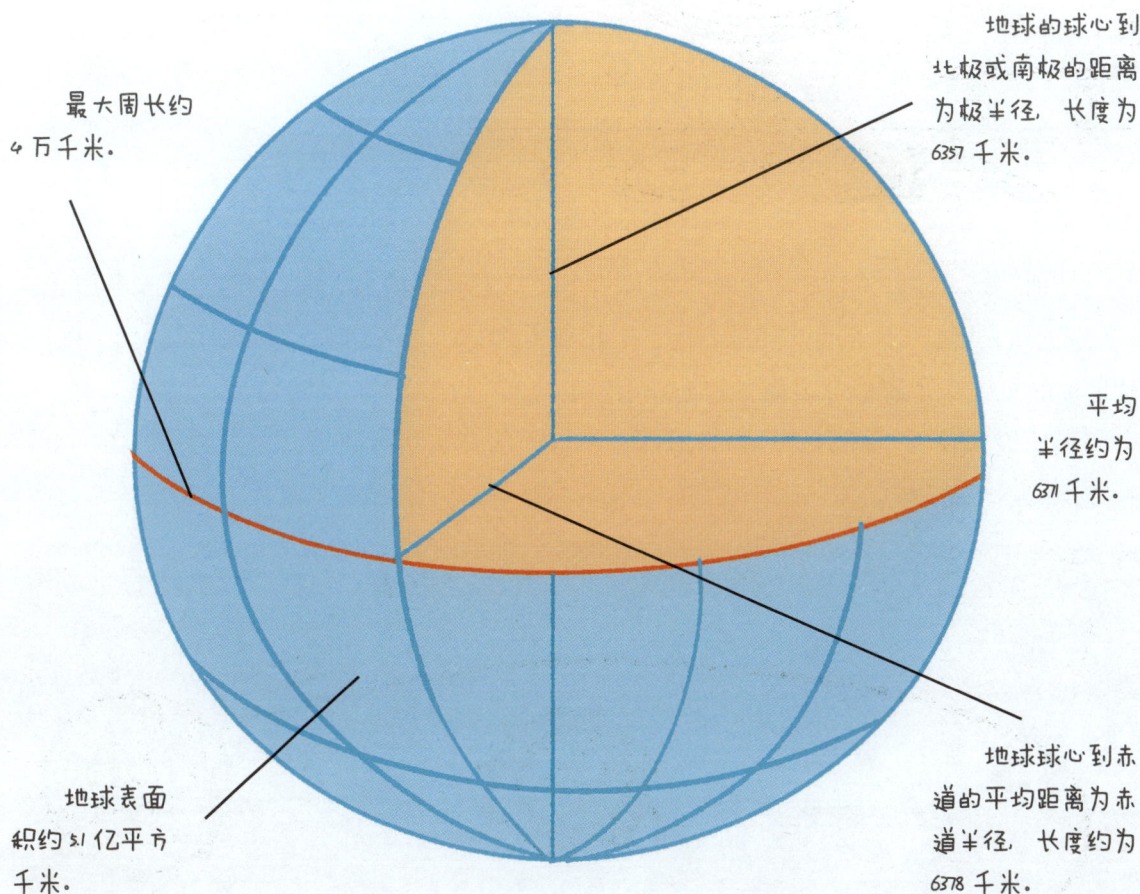

最大周长约4万千米。

地球的球心到北极或南极的距离为极半径，长度为6357千米。

平均半径约为6371千米。

地球表面积约5.1亿平方千米。

地球球心到赤道的平均距离为赤道半径，长度约为6378千米。

你发现了吗？地球的赤道半径比极半径要长一些，也就是说，地球并不是一个正球体，而是一个两极稍扁、赤道略鼓的不规则球体。

世界这么大，你想去看看吗？你可能会说："我想去，但我现在还小，还有学业要完成，没有那么多的时间。"没关系，有一样工具可以让你足不出户就能了解地球，那就是地球仪。

地球仪是人们仿照地球的形状，按照一定比例缩小，制作出来的模型。

仔细观察，你会发现一个小小的地球仪上竟然遍布各种点、线、符号、文字和颜色。它们表示的是地球上不同的陆地、海洋、山脉、河湖、国家和城市，这样我们就可以看到地球的全貌，了解地球表面各种地理事物的分布了。

地球仪为什么是倾斜的？因为地球在宇宙中的真实状态就是以这样斜着的姿势自转和围绕太阳公转的。

转动地球仪，可以看到它是绕着一根轴转动的，这根轴即"地轴"。但实际上，地轴并不存在，它是人们假想出来的，目的是方便研究地理现象。地轴与水平面的垂线有一个 23.5° 的夹角，这也是地球仪倾斜的角度，且固定不变。

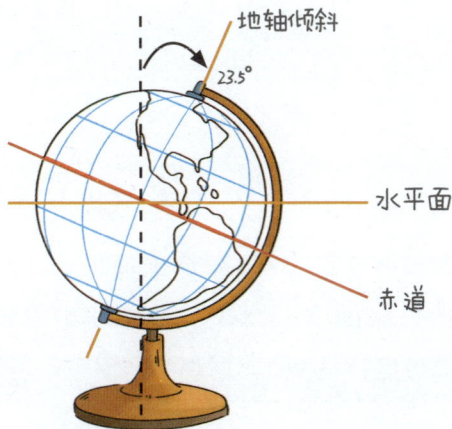

地轴的两端与地球表面相交于两点，叫作两极。通过地球仪，你会看到北极点在一片海洋中，而南极点则在一块大陆上。

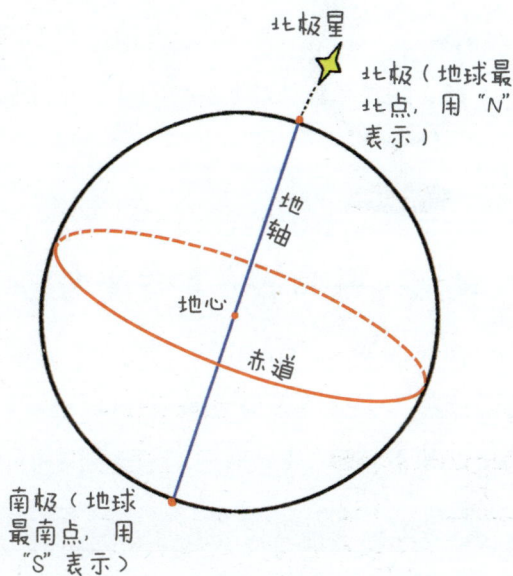

地轴倾斜

23.5°

水平面

赤道

北极星

北极（地球最北点，用"N"表示）

地轴

地心

赤道

南极（地球最南点，用"S"表示）

实验板块

小朋友们，你会做地球仪吗？按照下面的步骤动手做一个简易的地球仪吧！

材料： 乒乓球、铁丝、胶布、橡皮泥等。

做法：

1. 在乒乓球的中部用红笔画上一个圆圈，作为赤道。

2. 在 A、B 两点各钻一个小孔，使小孔到赤道上各点的距离相等。

A

B

3. 把铁丝弯成比乒乓球略大一些的半圆，铁丝与水平面呈 66.5° 角，折成一个地球仪支架的形状。

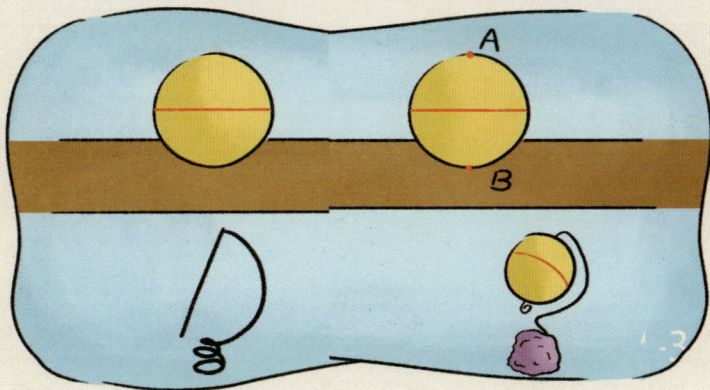

4. 把倾斜的铁丝穿进乒乓球，用胶布缠裹固定，底部支架处包上一些橡皮泥，使底座更稳定。

这样一个简易的地球仪就做好了，你学会了吗？

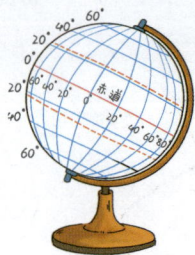

观察地球仪的时候，你会发现，上面有很多横着的圆圈和竖着的半圆形线，并且它们的旁边标着度数。它们就是经纬线和经纬度，是人们为了方便研究地球假想出来的。

▶ 纬线——与赤道平行的圆圈

在地球仪上，与赤道平行的那些圆圈都叫纬线，赤道就是最大的纬线圈。纬线的长度并不相等，从赤道向两极逐渐变短，在两极缩为一个点。

为了研究方便，人们给纬线规定了度数，赤道的纬度为0°，以赤道为界，向南北两极逐渐增大，各分为90°。北极点和南极点都是90°。

从北极上空俯瞰地球上的纬线是这样的。

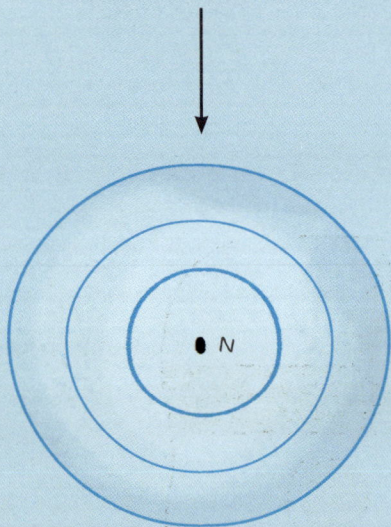

• N

赤道以北为北纬，用"N"表示，北纬的度数越向北越大。

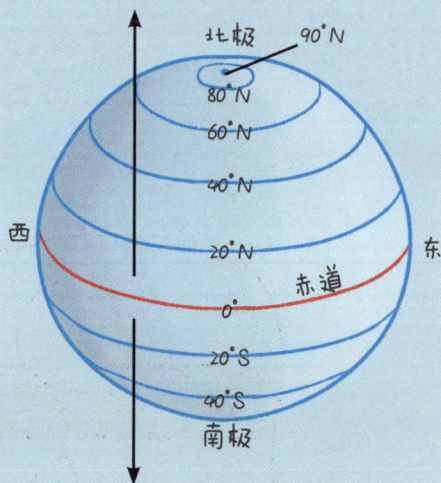

北极　90°N
80°N
60°N
40°N
20°N
西　　　　　东
赤道
0°
20°S
40°S
南极

赤道以南为南纬，用"S"表示，南纬的度数越向南越大。

纬线贯穿的是东西方向，各条纬线之间是互相平行的。

在地球的无数条纬线中，除了赤道（0°）和极点（90°），还有几条纬线比较特殊，比如，23.5°、30°、60°、66.5°纬线，它们把地球分为不同的纬度区域和气候带，在地理上同样具有非常重要的作用。

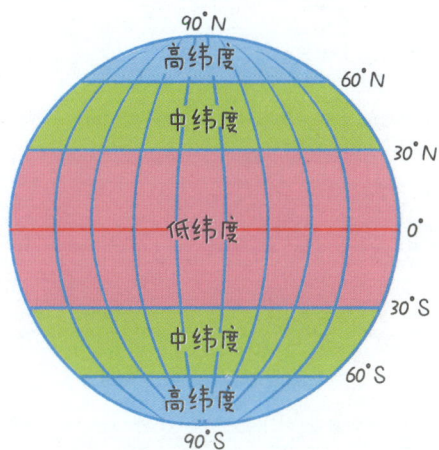

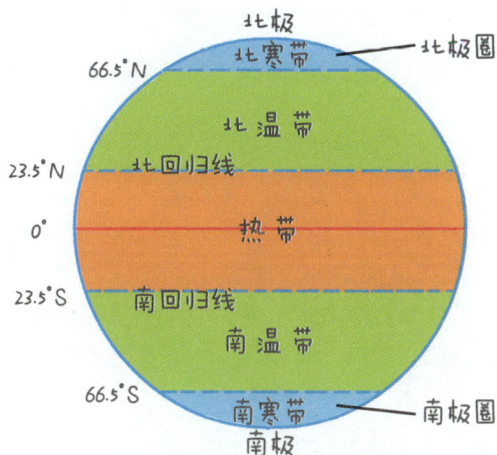

这是位于南美洲厄瓜多尔首都基多的赤道纪念碑，碑身上刻有"这里是地球的中心"字样，碑顶是一个大型石刻地球仪，地上的线象征着赤道。每年3月21日和9月23日左右，太阳从此处经过，直射赤道，全球昼夜时长相等。

▶ 经线——连接南北两极的半圆

在地球仪上，那些半圆形的线叫经线，也叫"子午线"。经线连接南北两极，长度都相等，并且与纬线垂直。经线贯穿的是南北方向，沿任意一条经线一直向北走，其终点必在北极点；沿任意一条经线一直向南走，其终点必在南极点。

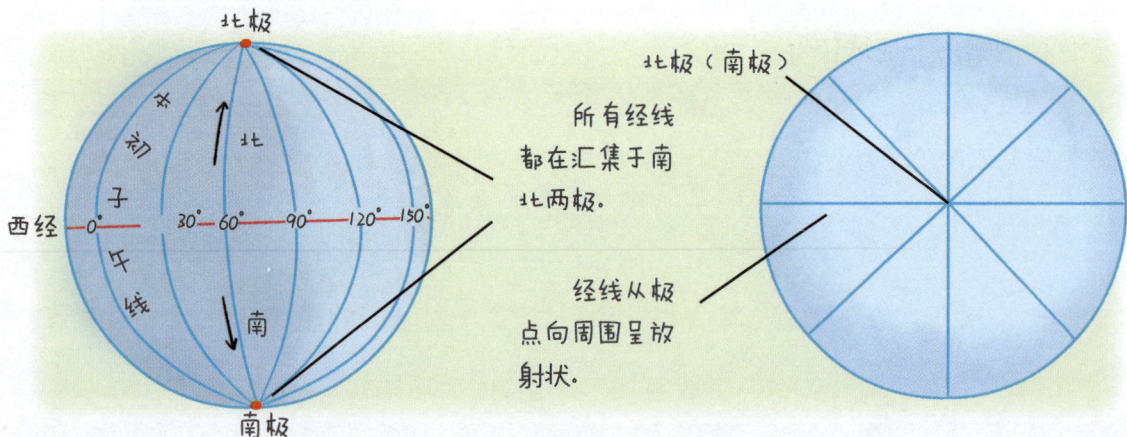

所有经线都在汇集于南北两极。

经线从极点向周围呈放射状。

同纬线一样，人们也给经线规定了度数。本初子午线的经度为 0°，是经度的起始线，由此向东、向西各逐渐增大至 180°。

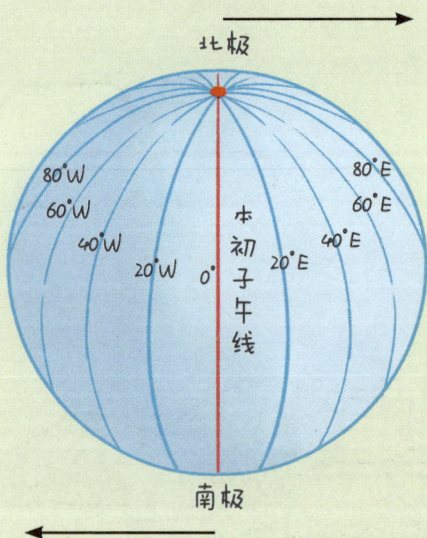

0° 经线以东为东经，用 "E" 表示。东经的度数越向东越大。

0° 经线以西为西经，用 "W" 表示。西经的度数越向西越大。

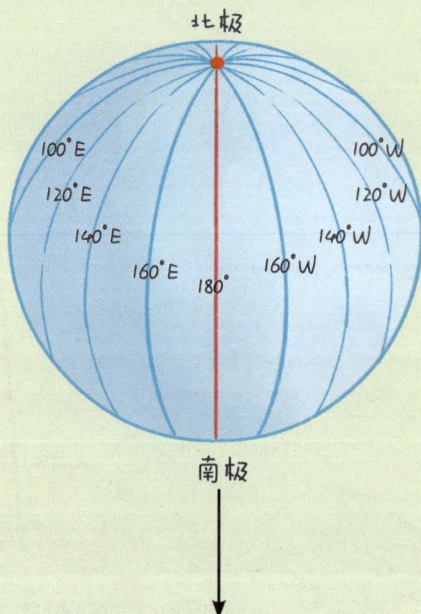

东经和西经的 180° 是重合的，通常把它叫作 180° 经线。

仔细观察一下地球仪上的经线，有没有什么发现？对了，任意两条正对的经线（两条经线的度数相加要等于180°）都可以组成一个闭合的经线圈，而这个经线圈可以把地球平均分成两个半球。

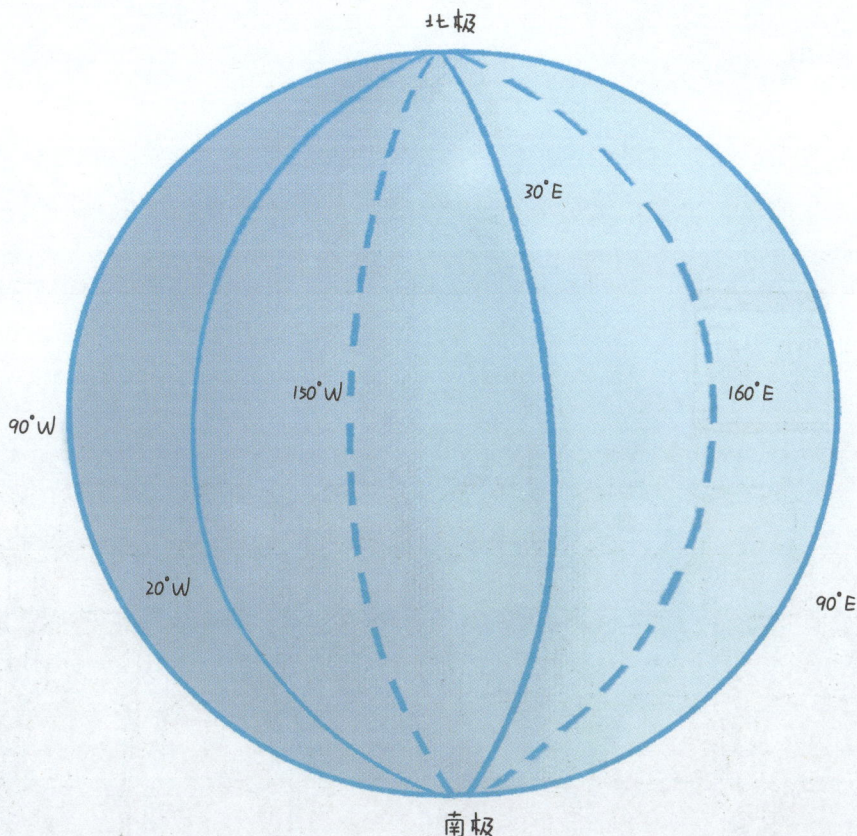

北极

30°E

150°W

160°E

90°W

20°W

90°E

南极

但是，把地球划分为东西半球的经线圈却只有一个，即由20°W和160°E经线组成的经线圈。

那为什么东西半球的分界线不在本初子午线（0°经线）呢？首先在地球仪上找到0°与20°W，你会发现，0°经线横穿了欧洲和非洲的很多国家，而20°W穿过的大部分是海洋。以20°W和160°E作为东西半球的分界线，可以最大限度地避免把欧洲和非洲的一些国家分在两个半球上。

地球仪上的经线和纬线相互交织，构成一个网络，这就是经纬网。

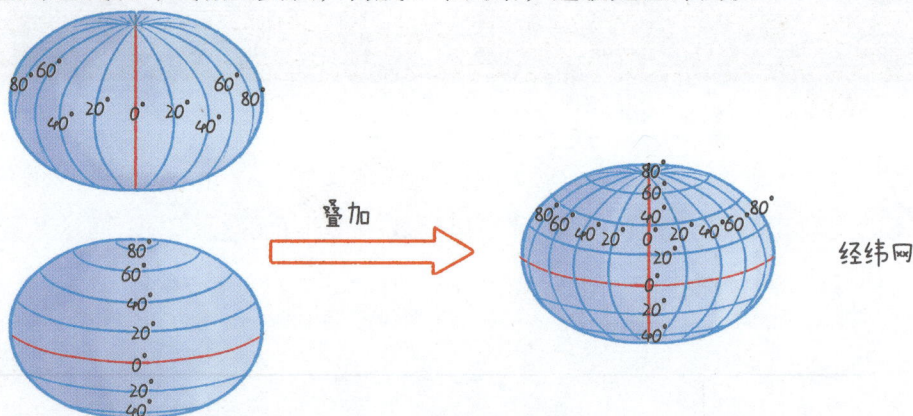

经纬网   经纬网

经纬网最重要的作用就是用来定位，地球表面的任意一个地点，都可以用经纬度给出准确的位置，而这个位置，就是某条经线和某条纬线的交点。这与我们进入电影院根据排号和座号来确定自己的座位很相似。

第 3 排   这里就是你的座位   第 4 列

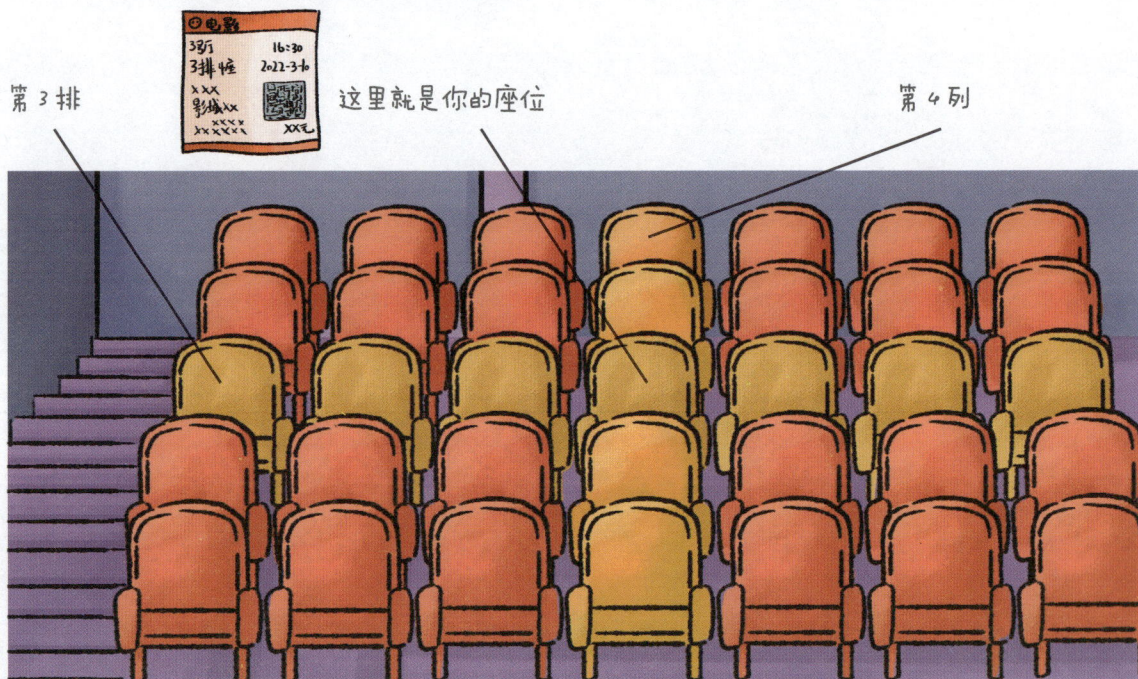

在进行实际定位时，同样也是这个原理。现在考考你，在地球仪的经纬网上，找到我们首都北京的位置。先找到北京所在的纬度，即 40° N；再找到其所在的经度，可以用尺子量一下，大概是 116° S，所以，北京在地球上的位置就是：北京（40° N，116° E）。

总之，经纬网就是地球坐标系统，利用它进行定位，在很多方面都很有用处。

航空

地质考察

军事打击

航海

野外救援

气象观测

为什么会出现白天和黑夜

每天早晨，太阳从东方升起，人们开始了白天的活动；到了傍晚，太阳在西边落下，人们也到了要回家休息的时候。那你有没有想过，为什么会出现白天和黑夜的现象呢？答案来了，这种自然现象就是由地球的自转产生的。

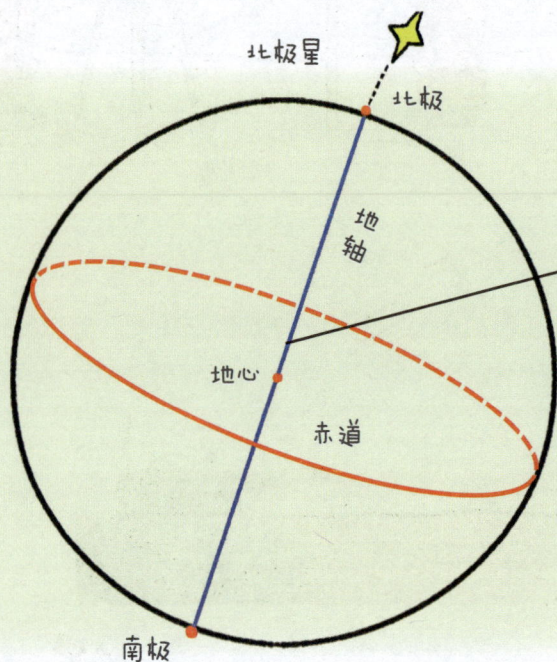

北极星

北极

地轴

地心

赤道

南极

地轴是个假想轴，它永远指向北极星。所以，地球自转时始终是倾斜的姿势。

地球的自转是指地球绕着地轴的旋转运动。

地球自转的方向，我们可以从以下三个角度去看。

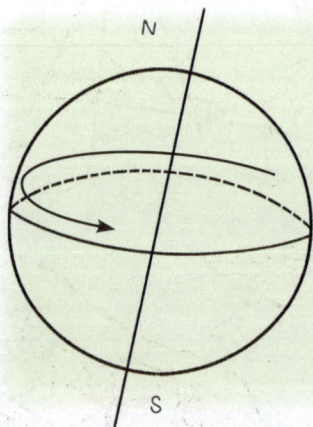

N

S

从侧面看：自西向东自转。

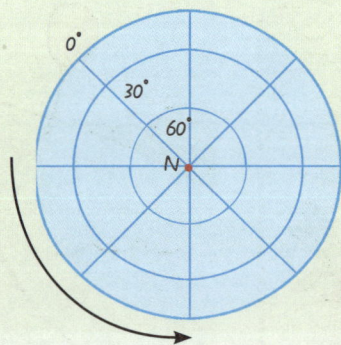

0°
30°
60°
N

从北极上空看：逆时针自转。

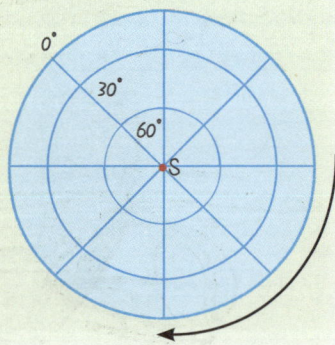

0°
30°
60°
S

从南极上空看：顺时针自转。

地球是一个不透明的球体，在自转过程中，总是只有一面因朝向太阳而被照亮，那里就是白天；而背着太阳的那一面照不到阳光，即黑夜。

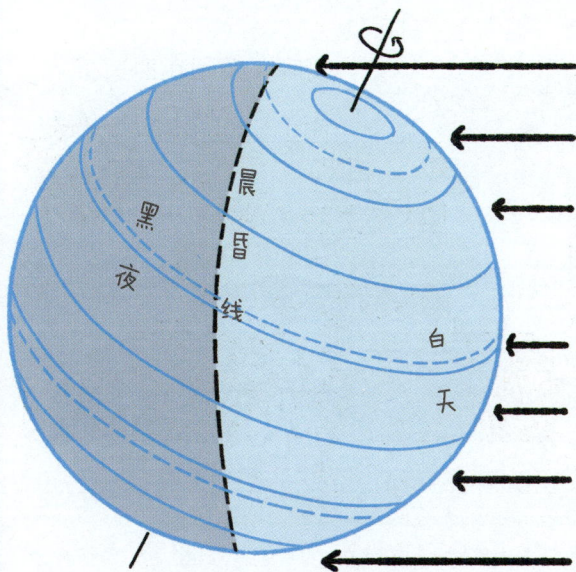

黑夜

晨昏线

白天

太阳光

1、如果地球是透明的或会发光的，会发生什么？
2、如果地球停止自转，会发生什么？

在白天和黑夜之间有一个明显的界限，我们称其为"晨昏线"，它由一条晨线和一条昏线组成。地球自西向东转，经过晨线进入白天，经过昏线进入夜晚。所以，我们总是看到太阳从东方升起，从西方落下。

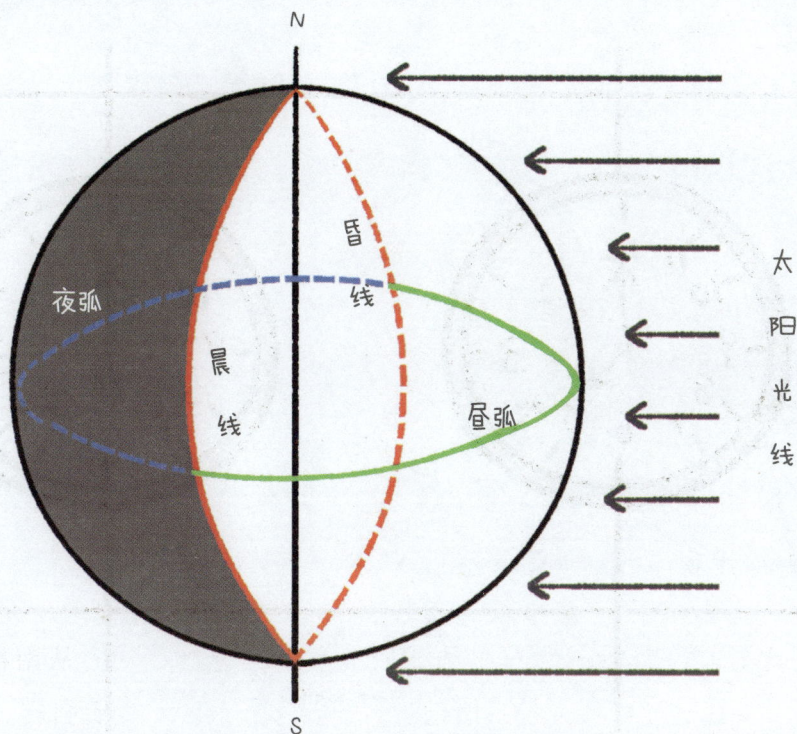

N

昏线

夜弧

晨线

昼弧

太阳光线

S

地球不停地自西向东自转，昼夜也就不断更替，而对于同纬度地区的人们来说，总是位置偏东的人比位置偏西的人先看到日出。也就是说，东边的时刻比西边早。这样就导致地球上不同经度的地方，出现了时间差异，就是我们日常说的"时差"。

乌鲁木齐早上7点

北京早上7点

虽然处于同一时间，但由于地球自西向东自转，当太阳在位置偏东的北京升起时，与其纬度相近的乌鲁木齐则还没有阳光。

地球24小时自转一圈（360°），即1小时转过经度15°。经度不同的世界各地，时刻不同，这种因经度不同而产生的不同时刻，统称为"地方时"。

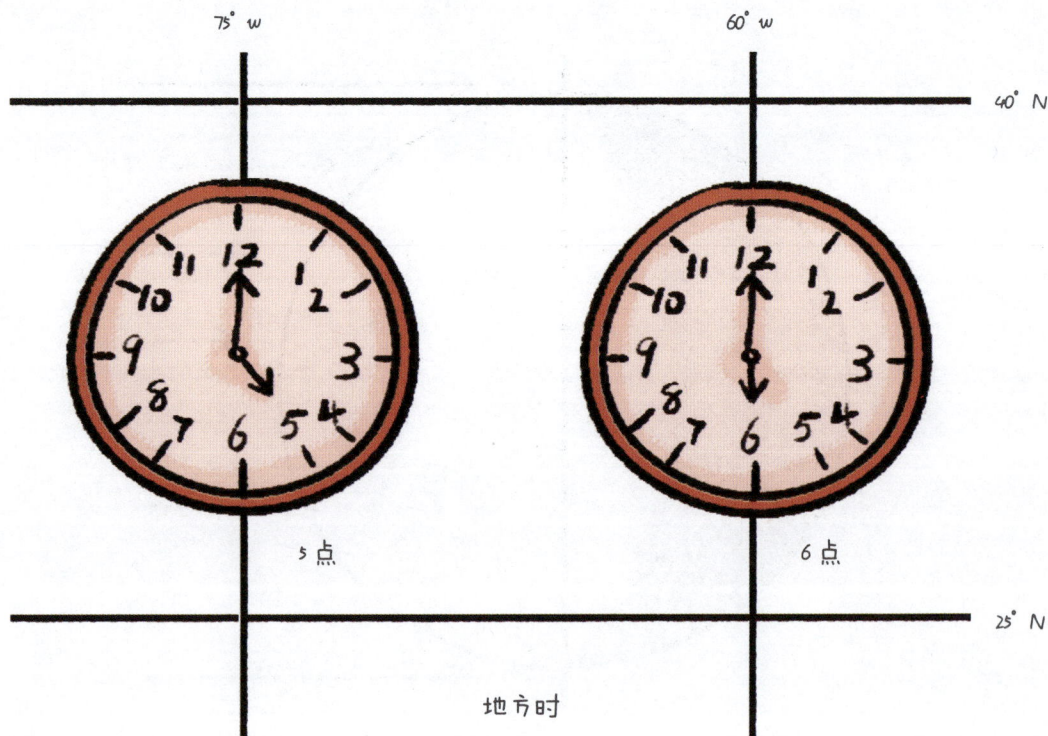

75°W

60°W

40°N

5点

6点

25°N

地方时

国际上根据这一特点，将地球划分为 24 个时区，每个时区跨经度 15°，相邻两个时区的时间相差 1 小时。

在中时区以西，依次划分为西一区至西十二区。

以 0° 经线为中央经线，向西、向东各跨经度 7.5° 作为一个时区，称为中时区（或零时区）。

在中时区以东，依次划分为东一区至东十二区。

东十二区和西十二区各跨经度 7.5° 合为一个时区，称为东西 12 区。

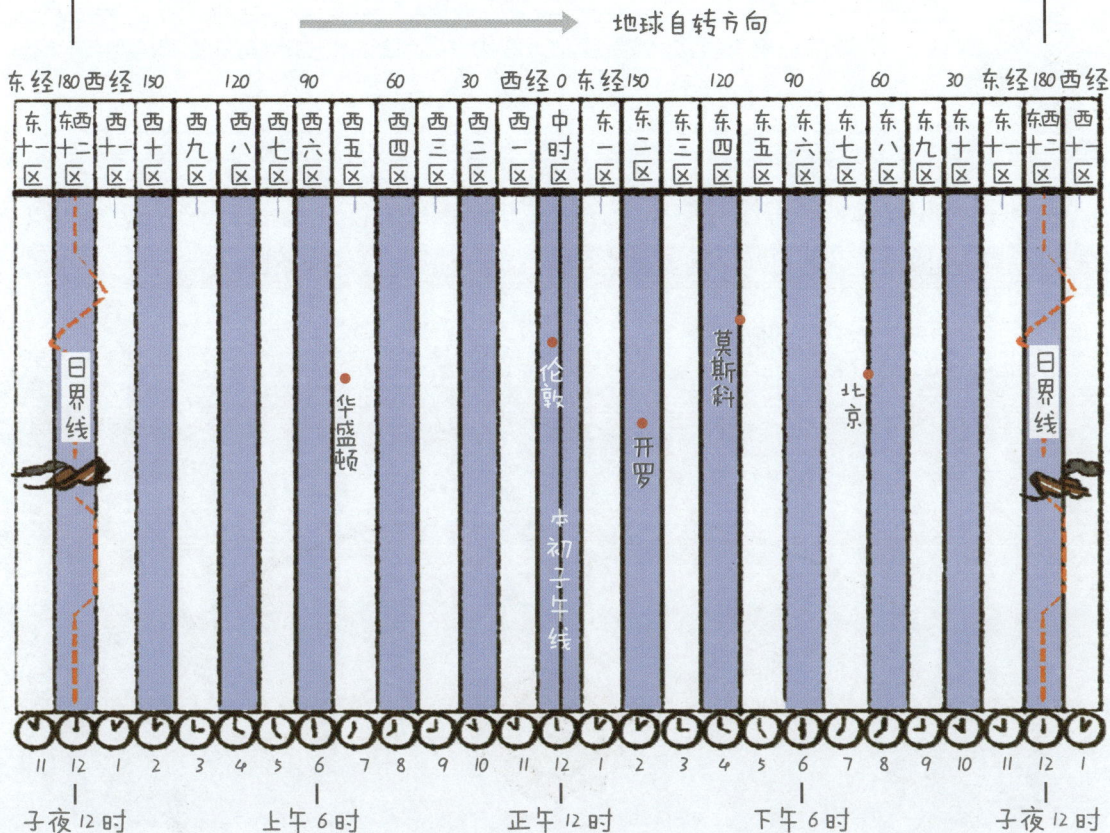

地球自转方向

东经180 西经 150　　120　　90　　60　　30　西经 0 东经 30　　120　　90　　60　　30　东经180 西经

| 东十一区 | 东西十二区 | 西十一区 | 西十区 | 西九区 | 西八区 | 西七区 | 西六区 | 西五区 | 西四区 | 西三区 | 西二区 | 西一区 | 中时区 | 东一区 | 东二区 | 东三区 | 东四区 | 东五区 | 东六区 | 东七区 | 东八区 | 东九区 | 东十区 | 东十一区 | 东西十二区 | 西十一区 |

日界线

华盛顿

伦敦

本初子午线

开罗

莫斯科

北京

日界线

11　12　1　2　3　4　5　6　7　8　9　10　11　12　1　2　3　4　5　6　7　8　9　10　11　12　1

子夜 12 时　　　　　　上午 6 时　　　　　　正午 12 时　　　　　　下午 6 时　　　　　　子夜 12 时

　　180° 经线是东西 12 区的中央经线，也是国际日期变更线，简称"日界线"，是地球上新的一天的起点和终点。日界线西侧的东 12 区总比日界线东侧的西 12 区早 24 小时。

　　中国领土跨越了从东 5 区到东 9 区的 5 个时区，不过，为了便于管理和联系，全国统一使用东 8 区时间，即北京时间。

春去秋来，寒来暑往，年复一年，四季永远这样循环着。那么，你知道四季是因为地球公转而产生的吗？

地球的公转是指地球围绕太阳的旋转运动。地球公转的方向与自转方向一致，也是自西向东，公转一周的时间约为 365 天（一年）。

地球在公转时也是保持倾斜的姿势，这样，地球在公转轨道的位置不同，表面受太阳照射的情况也就不完全相同，由此便产生了春、夏、秋、冬四季的变化。

当太阳直射点由北向南落在赤道上时，北半球地面获得的太阳光热比夏季少，比冬季多，形成春季（3、4、5月）。

春分
3 月 21 或 22 日

当太阳直射南回归线时，北半球地面获得的太阳光热较少，形成冬季（12、1、2月）。

北极圈
北回归线
赤道
南回归线

夏至
6 月 21 或 22 日

冬至
12 月 22 或 23 日

当太阳直射北回归线时，北半球地面获得的太阳光热较多，形成夏季（6、7、8月）。

当太阳直射点由南向北再次落在赤道上时，北半球地面获得的太阳光热比夏季少，比冬季多，形成秋季（9、10、11月）。

秋分
9 月 22 或 23 日

太阳在南北回归线之间的往返运动，还导致了昼夜长短的变化，比如，夏季白昼时间很长，而冬季天却黑得很早。

当太阳光直射北半球时，北半球夏季昼比夜长，纬度越高昼越长。夏至这一天昼最长，夜最短。

当太阳光直射南半球时，北半球冬季昼比夜短，纬度越高昼越短。冬至这一天昼最短，夜最长。

北极圈以北甚至出现极昼现象，即一天24小时都是白天，没有夜晚。

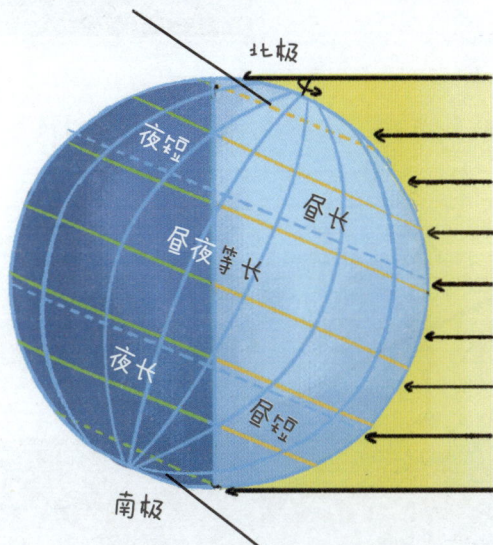

北极圈以北出现极夜现象。

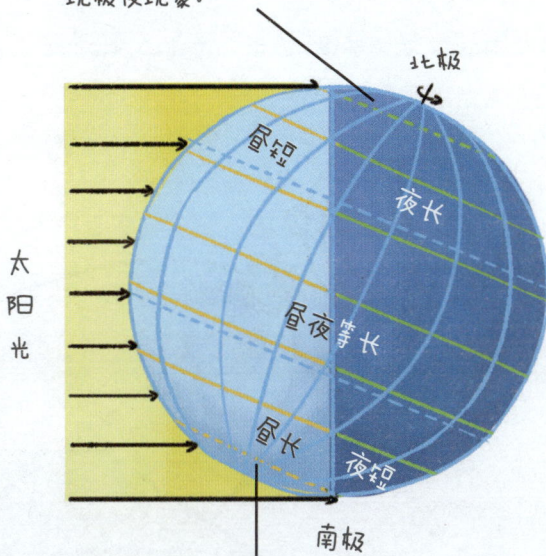

北极

夜短

昼长

昼夜等长

夜长

昼短

南极

太阳光

北极

昼短

夜长

昼夜等长

昼长

夜短

南极

太阳光

南极圈以南则出现极夜现象，即一天24小时都是黑夜，没有白天。

南极圈以南出现极昼现象。

如果太阳光直射在赤道上，也就是在春分和秋分这两天，那么昼夜又会发生什么变化呢？

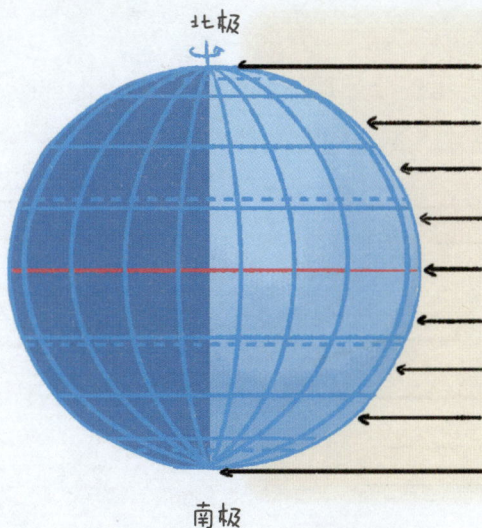

北极

太阳光

全球白天和黑夜的时间都相等。

南极

3月21日左右（北半球春分日）　　9月23日左右（北半球秋分日）

古人说:"日长之至,日影短至,至者,极也,故曰夏至。"意思是说,夏至这一天北半球白昼最长,影子最短。

这是为什么呢? 这就是地球公转导致的正午太阳高度的变化。当太阳光线照射到地面,就与地平面形成了一个夹角,这个夹角就是太阳高度角,简称"太阳高度"。

一天中,早晨太阳出来后,太阳高度逐渐上升,在中午12时达到最大值;之后,太阳高度逐渐降低。其中,中午12时的太阳高度最大,被称为"正午太阳高度"。

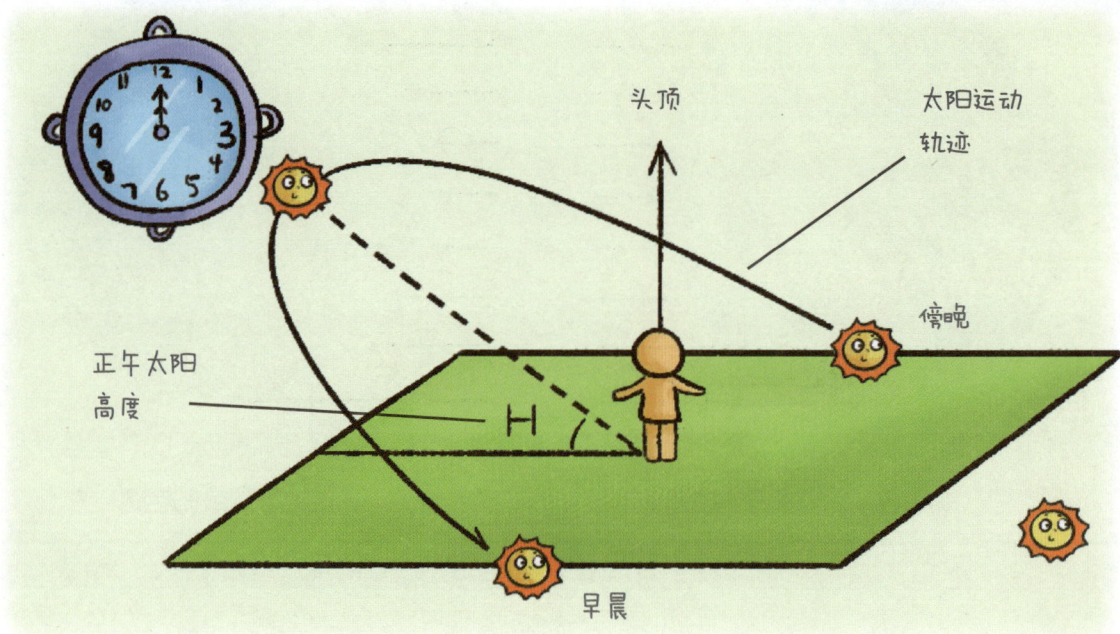

正午太阳高度的变化规律受地球公转的影响。地球围绕太阳公转时,一年内太阳光线的直射点有规律地在南北回归线之间移动。

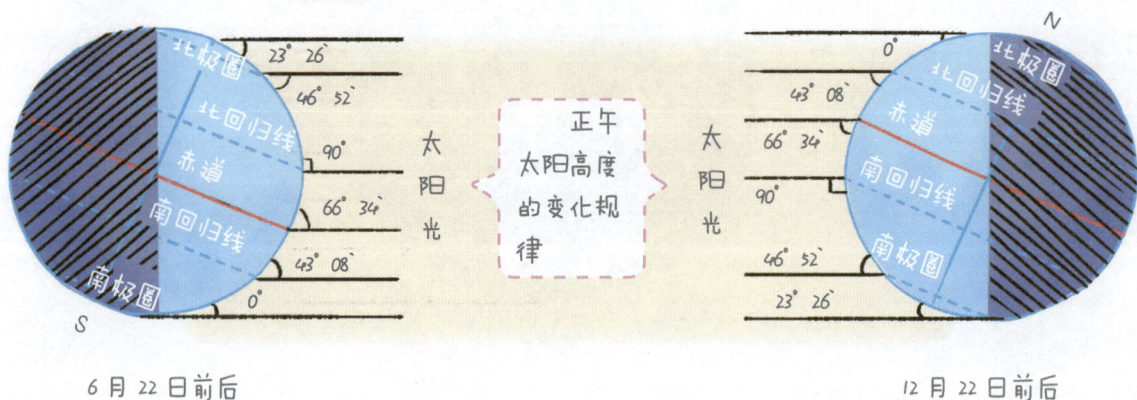

6月22日前后　　　　　　　　　　　　　　　　12月22日前后

你看出规律了吗？直射点的太阳高度为 90°，正午太阳高度从太阳直射点的纬线向南北两侧递减。当太阳光直射北回归线时，夏至来临，此时正午太阳高度最大（90°），所以这个时候北半球影子最短，甚至没有影子。而当太阳光直射南回归线，到了冬至时，北半球正午太阳高度则最小，影子最长。

夏至 ——
春分 秋分 ——
冬至 ——
物体

了解正午太阳高度，在生活中有很大的用处。

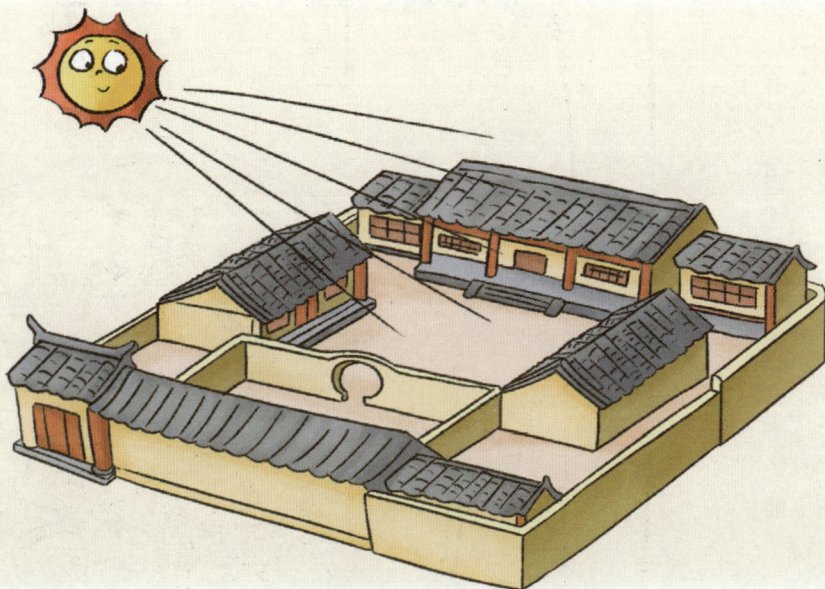

我们生活在北回归线以北的地区，在正午时分，太阳位于正南，选择朝南的房子可以接收到更多的阳光。

买房时，可选在冬至看房，此时如果有阳光照进来，那房间一年都会阳光充足。

中午太阳在正南方，如果你此时乘车，可以根据车行进的方向，选择背光的一侧来乘坐。

安装太阳能热水器时，可根据正午太阳高度计算倾斜角度，最大限度地利用太阳能资源。

地图会 "说话"

周末了，跟爸爸妈妈去动物园玩。第一站想去看老虎，可是动物园那么大，狮虎山在哪儿呢？问问动物园的地图吧！可是，地图不会说话呀！别急，方向、图例和比例尺就是地图的"语言"，了解了这些"语言"的含义，你想去哪里，地图都能回答你。

1. 这个箭头是指向标，用来指示方向。面对地图，通常是"上北下南，左西右东"，进而再确定出东北、西北、东南和西南的方向。地图上的箭头指向北，那就按照你正前方的建筑来确定方向是否正确，正确的话，就可以按照地图上的路线去狮虎山了。

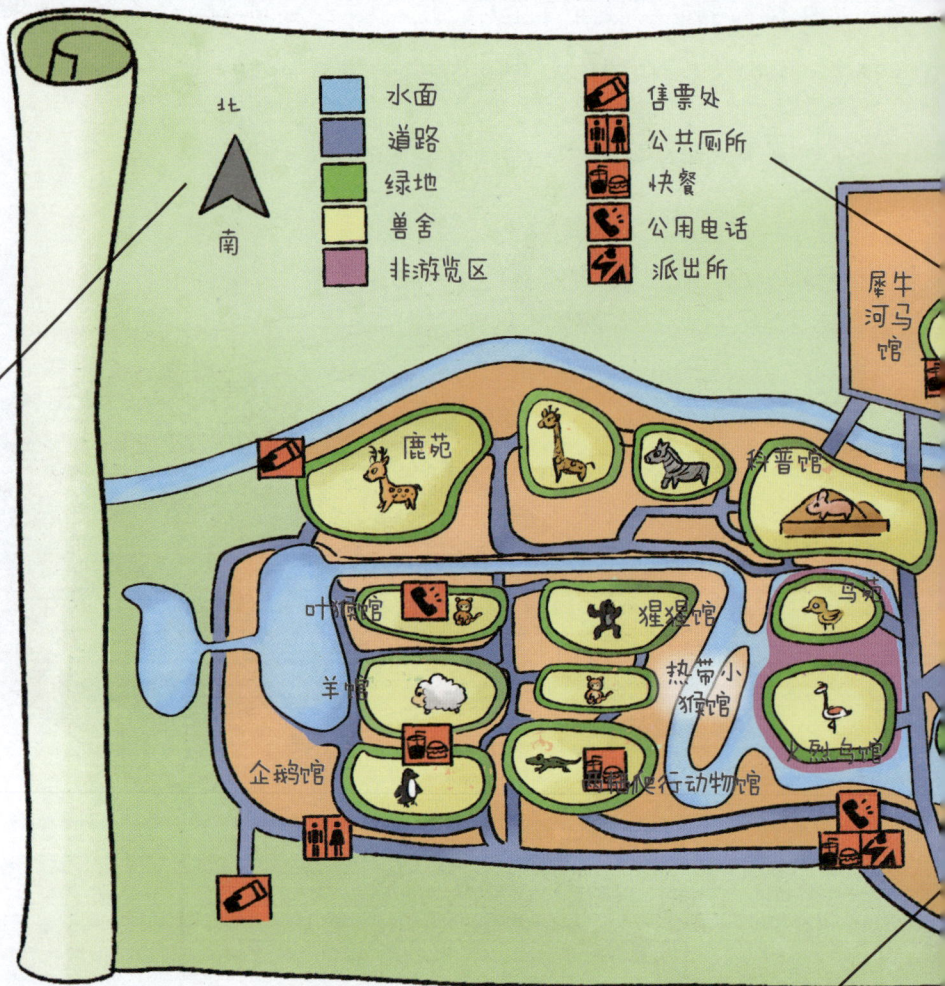

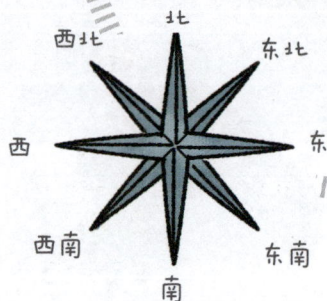

北
南

水面	售票处
道路	公共厕所
绿地	快餐
兽舍	公用电话
非游览区	派出所

犀牛河马馆

鹿苑

狩晋馆

叶猴馆

猩猩馆

鸟苑

羊馆

热带小猴馆

火烈鸟馆

企鹅馆

爬行动物馆

西北　北　东北

西　　　　东

西南　　　东南

南

2. 顺利到达了狮虎山，看到了威风凛凛的老虎。中午了，肚子好饿，哪里有餐厅呢？拿出地图，看到左上角的图例了吗？

6. 先量出狮虎山和海洋馆之间的图上距离，再根据地图上的比例尺计算出实地距离。然后估算自己的速度，时间来得及，马上出发！终于在表演开始前赶到了。

5. 这个就是比例尺，表示图上距离比实地距离缩小的程度，计算公式：比例尺 = 图上距离 ÷ 实地距离。

比例尺 0   180
1厘米

北京海洋馆

象馆

非洲动物区

狮虎山

狼山

山羊馆

大熊猫馆

禽区

猴山

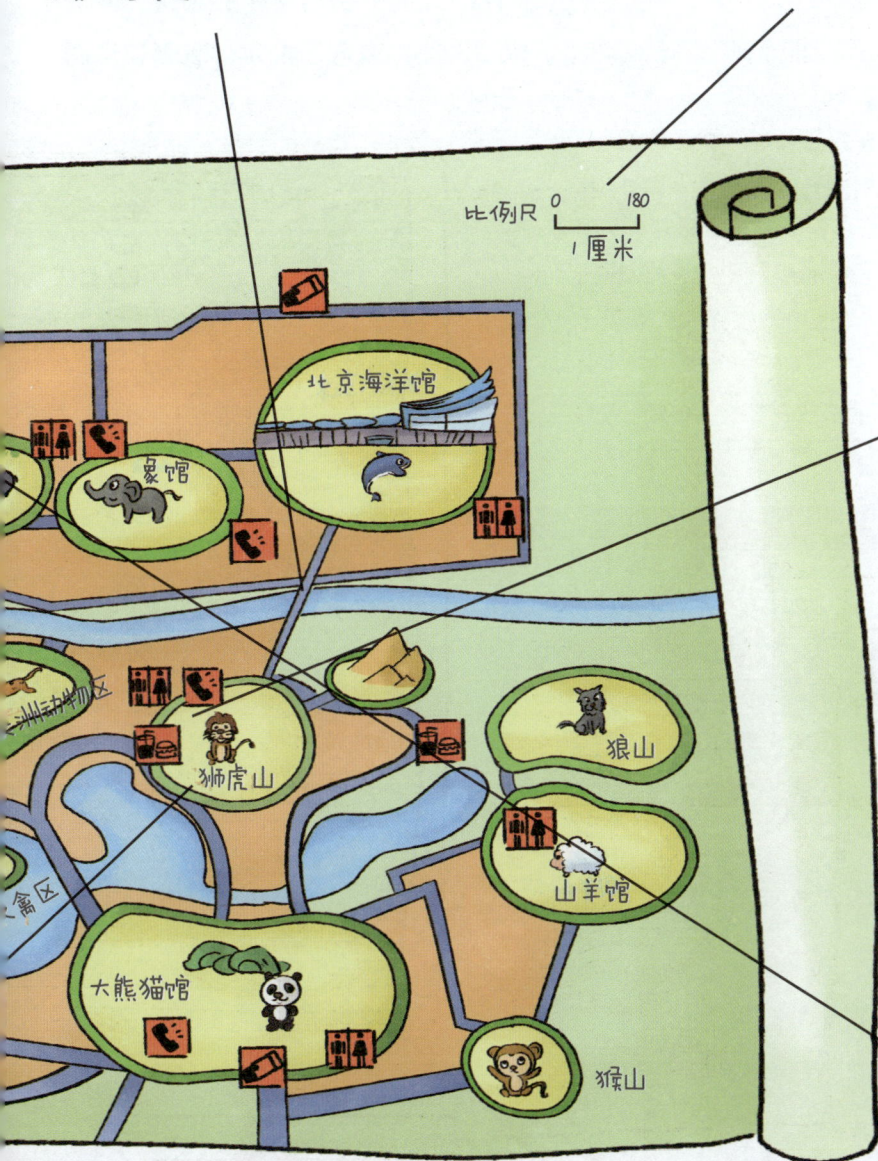

4. 狮虎山附近就有一家快餐店。吃饱了，下午想去海洋馆看海豚表演，还有5分钟开始，能赶到吗？用地图上的比例尺来算一下吧。

3. 这就是地图的图例是对地图上各种符号和注记的说明。对照地图，找到快餐的图例。

带着地图定向越野

你听说过定向越野这项运动吗？在地图和指北针的帮助下，谁能在最短时间内按照指定顺序到访所有目标点，谁就胜出。下面就是一幅适合小朋友参与的定向越野地形图。

1. 地图上一圈一圈的就是等高线，是把地面上海拔相同的各点连接而成的曲线，这就是等高线地形图。读懂它，可以帮助你选择出最佳的行进路线。在地图上，一般用海拔表示地面的高度，用相对高度表示地面的起伏变化。

某个地点高出另一个地点的垂直距离叫作相对高度。甲乙两地的相对高度为1000米。

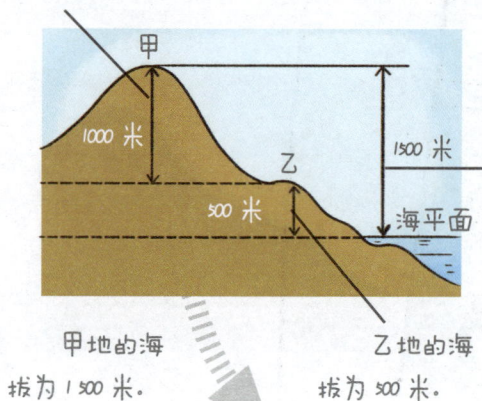

地面某个地点高出海平面的垂直距离叫作海拔。

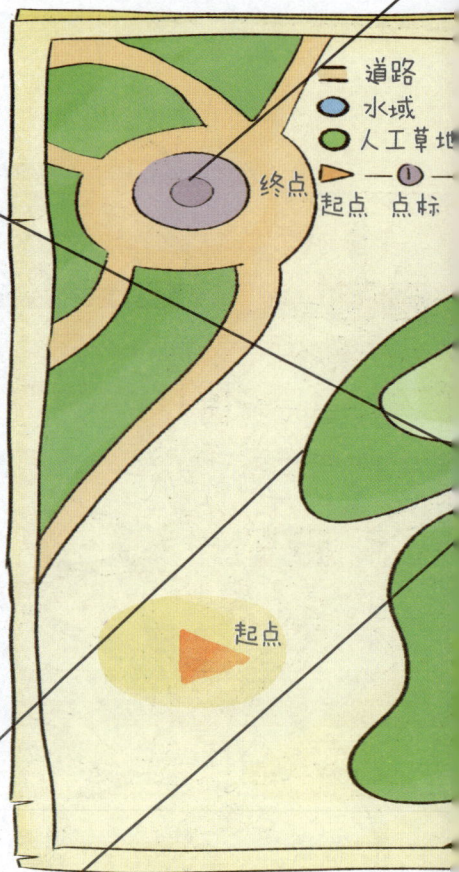

甲地的海拔为1500米。

乙地的海拔为500米。

2. 这条等高线数值是50，说明①号地的海拔是50米，很轻松就能到达，然后出发去②号地。

3. 这里等高线密集，说明此处山高路陡，登山会很困难，所以不建议从这里直接穿越到②号地。

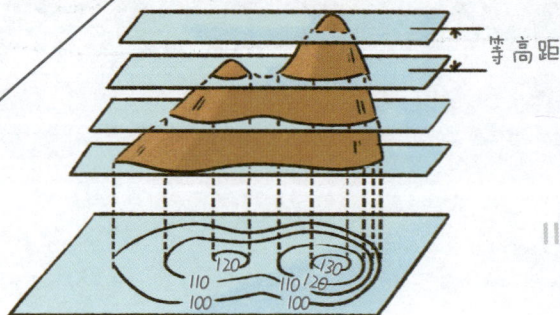

道路
水域
人工草地
起点 点标 终点

10. 最后到终点集合。在整个过程中，你要学会判断山坡的陡缓以及山谷、桥梁的位置，在保证安全的前提下尽快完成任务。

9. 到达这里后，就完成了全部任务。

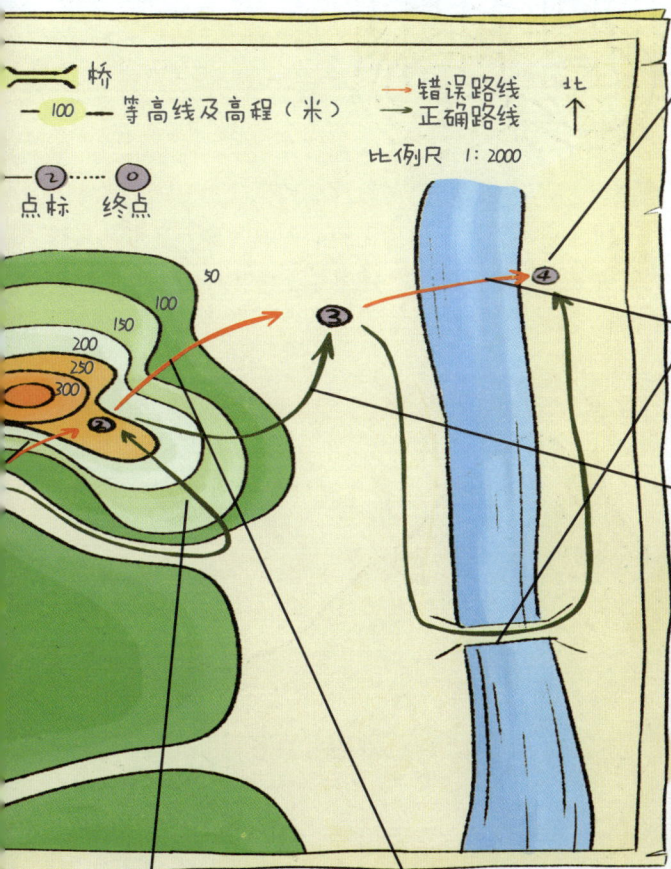

8. 图例显示，河上只有这一座桥，所以必须绕到这里才能过河。

7. 虽然④号地就在河对岸，但是也不能直接过去哦。

6. 虽然这条路绕了远，但是更安全，可以让你顺利到达③号地。

桥
—100— 等高线及高程（米）
→ 错误路线
→ 正确路线
北↑

比例尺 1:2000

② 点标　⓪ 终点

50
100
150
200
250
300

③
②
④

4. 这里等高线稀疏，说明此处山坡比较平缓，绕到此处登山，虽然路远了，但走起来要更容易，安全一些。

5. 这里的等高线比较密，而且向高海拔方向凸出，说明这里是山谷。山谷位于两座山的中间，路很狭窄，还可能有比较湍急的河水，乱石也多，不安全，在前进途中要尽量避开。

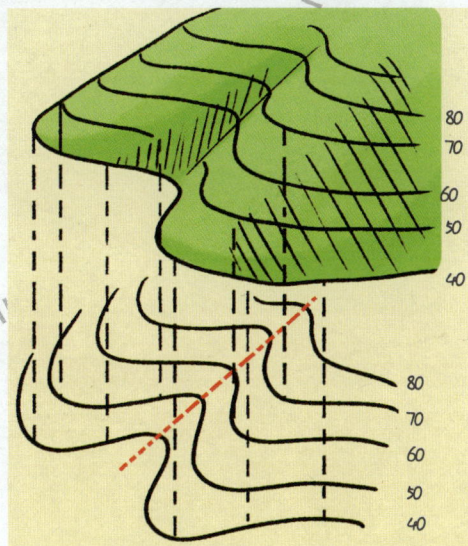

80
70
60
50
40

80
70
60
50
40

当然，如果是更为专业的定向越野比赛，难度要比这个大得多，还需要通过等高线地形图来判断更多的地貌形态。

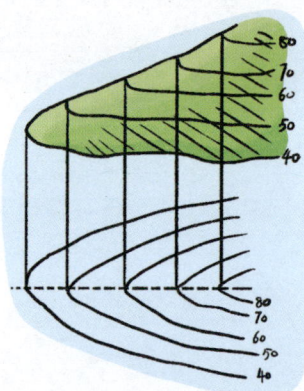

山脊是从山顶到山脚的凸起部分，很像动物的脊背。下雨时，雨水落在山脊上向两边分流，所以最高凸起的棱线又叫"分水线"或"分水岭"。等高线的弯曲部分向低海拔处凸出。

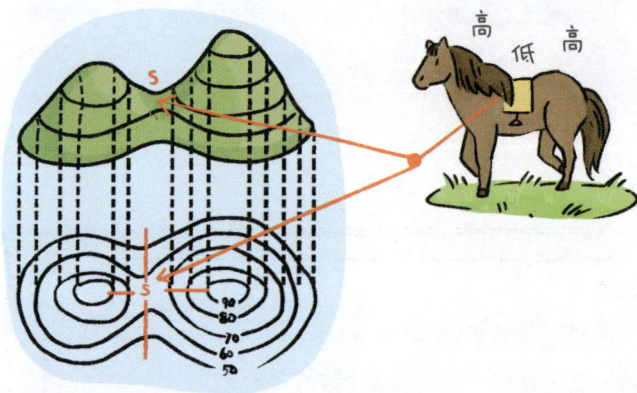

鞍部是相邻两个山顶之间的下凹部分，其形如马鞍状。在等高线地形图上，通常位于山脊和山谷等高线的中间部分。

山脊

鞍部

悬崖

盆地

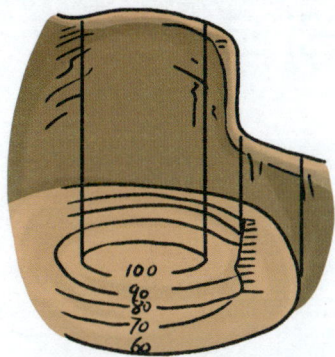

悬崖是指坡度在70°以上难以攀登的陡峭崖壁。等高线相互重叠的地方即陡崖。

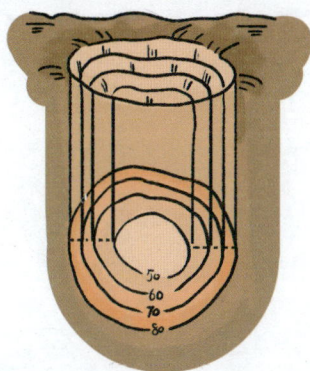

盆地：等高线闭合，数值从中间向四周逐渐升高。

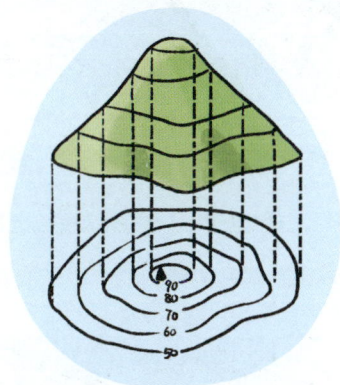

山顶：等高线闭合，数值从中间向四周逐渐降低，用"▲"表示。

山顶

等高线地形图判读口诀：同线等高，同图等距，密陡疏缓，凸低为脊，凸高为谷，重叠为崖。

地形图上的各种颜色

你发现了吗？定向越野地图中的等高线地形图，不同的等高线之间颜色也不同，这样就使地形图看起来更加生动、形象，地势的高低起伏也一目了然。这就是分层设色地形图。这些颜色表示的就是地球表面各种不同的地形类型。

高原：海拔在 500 米以上，外围较陡，内部起伏较小。等高线数值多在 500 以上，中间等高线比较稀疏，四周则比较密集。

山地：海拔在 500 米以上，有山峰、山坡，地面起伏很大。等高线数值多在 500 以上，等高线比较密集。

丘陵：海拔在 500 米以下，地势起伏较大。等高线数值多在 200~500 之间，等高线相对较密集。

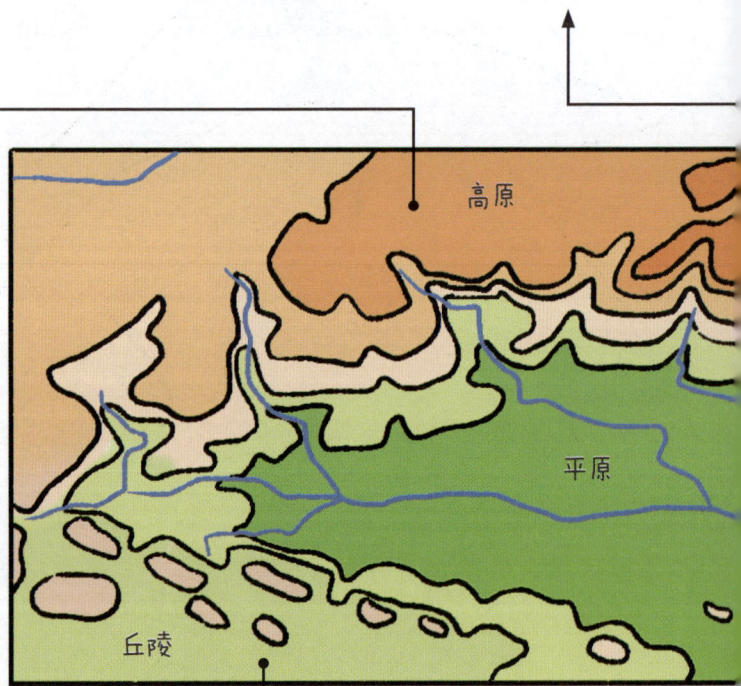

高原

平原

丘陵

有些地方海拔高，气候寒冷，常年被冰川和积雪覆盖。

盆地：四周高，中间低，地面起伏较小。在地形图上，等高线数值也表现为四周高，中间低。

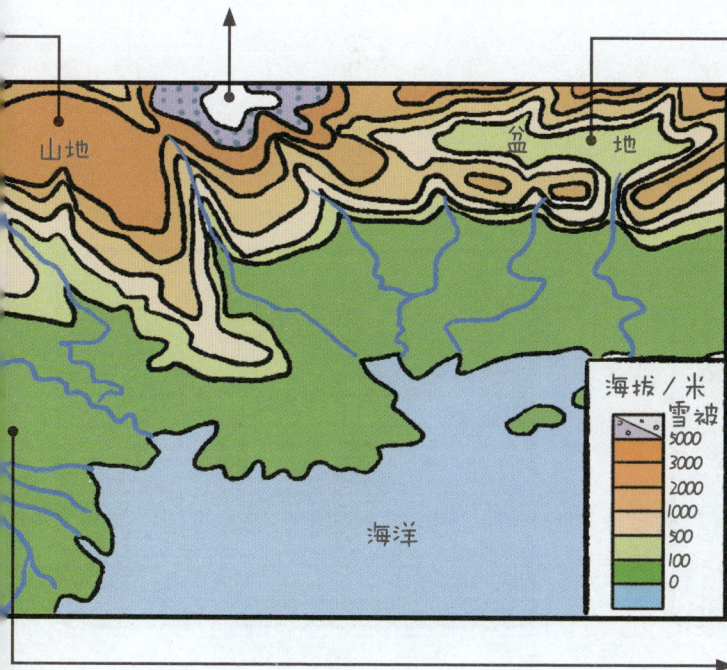

山地
盆地
海洋

海拔／米
雪被
5000
3000
2000
1000
500
100
0

平原：海拔在 200 米以下，宽广平坦，地面起伏很小。等高线数值多在 200 以下，等高线比较稀疏。

什么是天气

今天有蓝天、白云，风和日丽，适合出去玩。

起风了，天阴了，不会要下雨吧？

这是什么天气呀，怎么突然下雨了！

刚刚还晴空万里，突然就乌云密布、打雷下雨，这就是天气的变化。

天气反映的是某个地方短时间内的大气状况，人们经常用阴晴、风雨、冷热等来描述它。

天气是时刻在变化的，而这正是天气的最大特点——多变。很多人搞不清天气和气候的区别，总认为它们是一回事儿。其实不是哦，如果讲某一个地区的气候，那么和天气的说法就不一样了。以下以北京的气候为例。

春季温暖、多风。

夏季炎热。

人们通常用某一个地区一年或一段时期的天气平均状况来描述气候。所以说，气候与天气虽然都是指一个地方的大气状况，但天气指短时间内变化多端的大气状况，而气候是指较长时间的大气状况，一般变化不大。

晴天可以晒衣服。

下大暴雨会发生洪涝灾害，淹没农田、房屋、道路等，给人们的生命财产造成损失。

不论在什么地方，天气都是人们经常谈论的话题，这是为什么呢？因为多变的天气影响着人们的生活。

在下雨的天气外出时，我们要打伞或穿雨衣，还要蹚水，很不方便。

天气干旱则会使农作物大面积受灾减产，甚至绝收。

秋季凉爽。

冬季寒冷、干燥。

明天的天气怎么样

　　天气对我们来说太重要了，如果能提前知道明天或未来几天的天气情况，那么就能早做准备了。那怎样才能提前知道天气情况呢？这个时候，天气预报就发挥作用了，什么时候刮风，什么时候下雨……它都能提前播报，为人们的生活和工作提供了很多便利。

　　那你知道电视上的天气预报节目是怎么制作出来的吗？它的制作过程分为以下五个步骤。

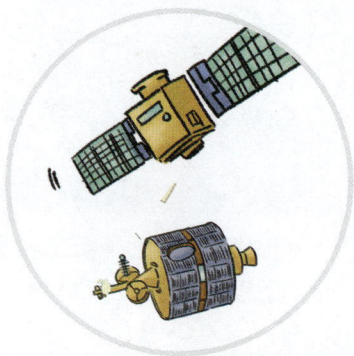

1. 利用卫星进行观测。

2. 用地面的气象站和雷达接收观测数据。

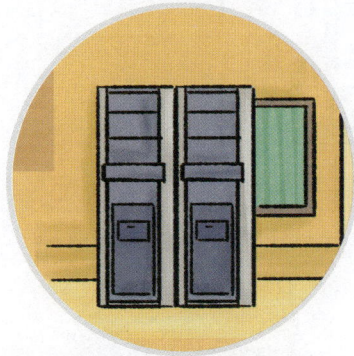

3. 在地面利用大型计算机处理数据并制图。

4. 气象专家分析判断该地区的天气状况。

5. 天气预报结果出来后，再由电视台录制成节目播出。

　　除了通过观看电视中的天气预报，我们还可以通过哪些途径了解天气情况呢？

为了便于读懂天气预报，通常用专用符号表示天气状况。其中风用风矢表示，通过它，就可以知道风向和风力。风向是指风吹来的方向，比如，北风就是从北方吹来的风；风力是风强弱的级别，从 0 到 17，一共分 18 级，级数越大，风力越强。风速用风羽表示。

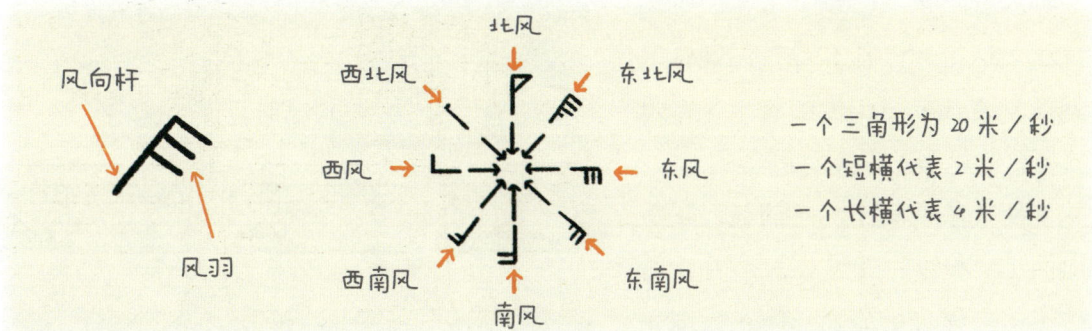

风向杆

风羽

西北风　北风　东北风

西风　　　　　东风

西南风　南风　东南风

一个三角形为 20 米／秒
一个短横代表 2 米／秒
一个长横代表 4 米／秒

再看看其他的天气符号。

晴朗	多云	阴	小雨	中雨	大雨	暴雨	雨夹雪
小雪	中雪	大雪	暴雪	雾	雷电	冰雹	台风
龙卷风	冻雨	霜冻	浮尘	扬沙	沙尘暴		

【小知识】
古人判断天气的秘诀

天空灰布悬，大雨必连绵。
天有鱼鳞云，不雨也狂风。

蚂蚁垒窝要下雨。

河里鱼跳出水，大雨必来到。

燕子低，披蓑衣。

看天气预报的时候，经常会听到"气温"这个词。什么是气温呢？气温就是指空气冷热程度的物理量，是用放在百叶箱里的温度计测得的。

地面气象观测中测定的气温是距离地面 1.5 米处的气温，采用百叶的设计能让空气自由流通，防止太阳光或恶劣天气对仪器造成影响，保证测得的数据更加准确。

上午 8 时气温为 26℃，看来今天会比较热啊。

自动气象站能够对气温进行实时观测，每逢整点记录一次。在我国，人工观测记录气温一般在北京时间 2 时、8 时、14 时、20 时各进行一次。

通过自动气象站，可以观测每天的实时气温、最高气温和最低气温。气温的单位记作"℃"，读作"摄氏度"。

气温是在不断变化的，把一天中各个时刻的气温变化绘制在一张图表上，就是气温曲线图。

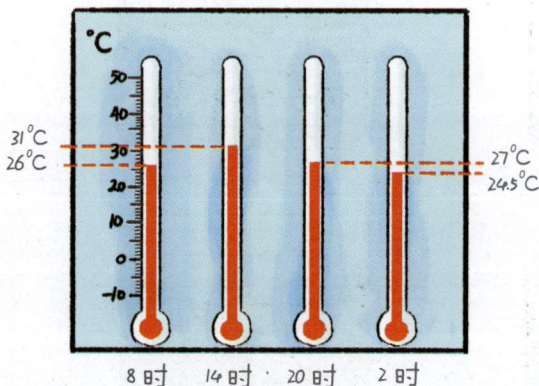

这是四个特定时刻的温度，可以看出一天中的最低气温和最高气温。

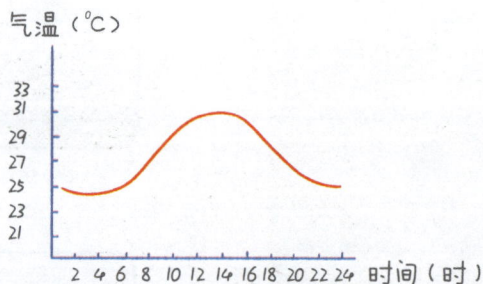

一天中，日出前后气温最低，然后气温逐渐上升，14 时左右气温最高，随后气温逐渐降低。这就是一天之中气温的变化规律——午热晨凉。

以一年为周期的气温变化，叫作气温年变化。一年中，北半球大陆气温通常 7 月最高，1 月最低；海洋气温通常 8 月最高，2 月最低。气温变化规律是冬季寒冷、夏季炎热。

现在想一下，气温的高低、气温的日变化、气温的年变化对我们的生活有什么影响？

天热穿薄衣服，降温了要加厚衣服。

天气太热了，到海边去游泳，吹海风。

夏天太热了，吹着空调吃西瓜最爽了。

低温冻害，使农作物受损，要马上补救。

今天好冷，吃火锅可以让身体热起来。

降雪后，路面积雪结冰，影响交通安全。

世界各地冷热不同，气温的分布也有很大的差别。

撒哈拉沙漠是世界上最炎热的地方，年平均气温约 20℃，最高气温可达 57℃ 以上。

南极是世界上最寒冷的地方，年平均气温 -25℃，观测到的最低气温为 -93.2℃。

虽然撒哈拉沙漠和南极的气温相差很大，但在它们各自的区域内，在同一时间，很多地方的气温值却是相等的。

为了方便人们了解，就把这些气温值相等的点用曲线连起来，形成等温线，用等温线图来表示气温的水平分布。

等温线呈闭合状态，说明这里是低温或高温中心。

等温线密集的地方，说明温差大。

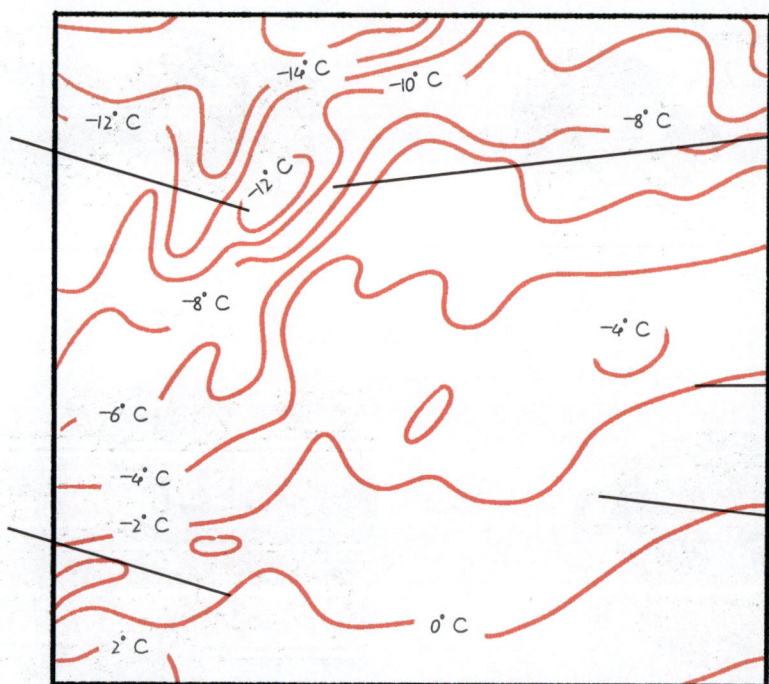

-14℃ -10℃
-12℃ -8℃
-12℃
-8℃
-4℃
-6℃
-4℃
-2℃
0℃
2℃

同一条等温线上，各点的气温相等。

等温线大致沿东西方向延伸，说明南北方向有温差。

等温线稀疏的地方，说明温差小。

这只是一个地区气温的分布情况，那全世界的气温分布是不是也有规律可循呢？是的，世界气温大致由低纬度向高纬度递减。

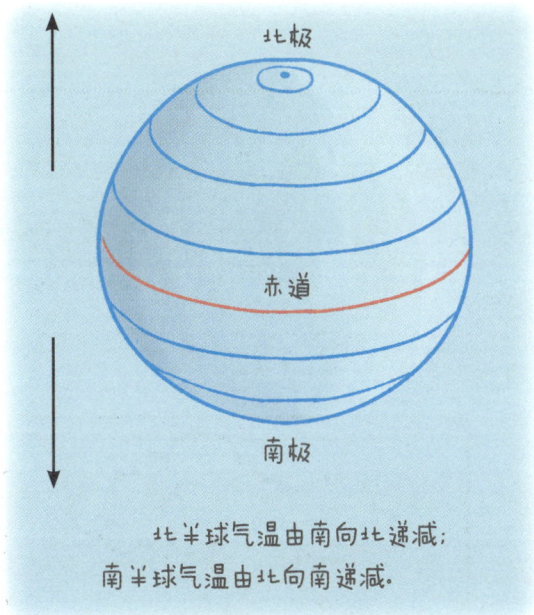

北半球气温由南向北递减；
南半球气温由北向南递减。

在山地和丘陵，气温随海拔升高而降低。大致每升高100米，气温下降约0.6℃。那么，现在考考你，一座山海拔为700米，山脚的气温是20℃，那么山顶的气温是多少呢？

目前，由于全球人口剧增、大气环境污染、过度砍伐森林等因素，导致全球气温正在逐步上升，而气温升高会给全世界带来巨大的危害。

台风、飓风、海啸等灾难会越来越多。

内陆干旱、高温、粮食减产。

冰山、冰雪融化速度加快、海平面升高，导致淡水资源缺乏。

海洋碳酸化，使微生物大量死亡；海洋食物链断裂，加速其他生物死亡。

什么是降水

降水是指空气中的水分在冷空气中凝结，形成固态水、液态水等落到地面上。

雨

雪

冰雹

这些都是降水哦！其中最主要的是降雨。雨主要以四种形式出现。

对流雨：多形成于赤道附近地区。近地面大气遇热膨胀上升，遇冷凝结形成降雨。对流雨强度大，历时短，范围小，常伴有大风、雷电。

锋面雨：多分布于中温带大陆东岸的季风气候区。冷暖气流相遇，暖气流被抬升，遇冷形成降雨。

地形雨：主要形成于山地的迎风坡。气流遇到山地阻挡，爬升遇冷，形成降雨。在一定高度内，降水量大致沿迎风坡向上增加，背风坡少雨。

台风雨：常出现在副热带海域的夏秋季节。台风是一种热带气旋，气流自四面八方流入气旋中心，气旋中心的空气被迫抬升，遇冷凝结而形成台风雨。强度很大，多为暴雨，常伴有狂风、雷电。

那怎么知道降水量是多少呢？可以使用雨量器和量杯进行测量，单位是毫米。

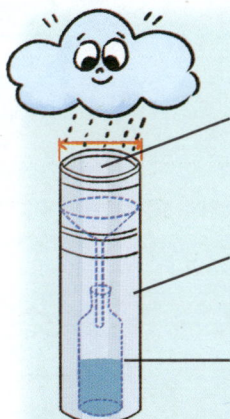

漏斗：口径为 20 厘米。

储水筒：不漏水的金属筒。

储水瓶：用来收集雨水。

雨量器

降雨时，雨水通过漏斗流入储水瓶。

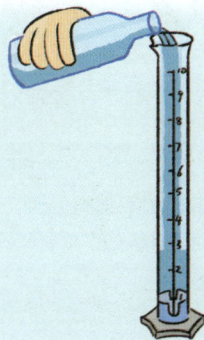

雨停后，将储水瓶中的雨水倒入适宜的量杯内，读出的刻度数就是降雨量。

一般每天在 8 时和 20 时各记录一次，两次记录值之和就是这一天的降水量。

把一个月内每日的降水量相加即为月降水量；把一年内每月的降水量相加即得到年降水量。通常所说的"年降水量"，是指多年平均降水量。

根据单位时间内降雨量的多少，气象部门把降雨划分为不同等级。

小雨：日降雨量 < 10 毫米。雨滴清晰可辨。

中雨：日降水量 10.0~24.9 毫米。雨滴连续成线。

大雨：日降水量 25.0~49.9 毫米。雨滴落下，模糊成片。

暴雨：日降水量 50.0~99.9 毫米。雨如倾盆，下水道甚至来不及排雨水，形成大量积水。

一个地区一年内各月的降水量是有差别的，怎么才能更清楚、直观地看出数据变化的大小呢？用柱状统计图来表示就可以了。

降水量（毫米）

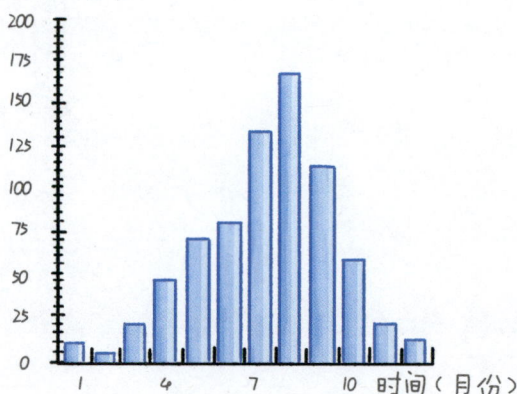

从图中可以看出，这个地区7～9月份，即夏季，降水量较多；11月～次年2月，即冬季，降水量较少；年降水量大约是740毫米。

年降水量＝一年内各月平均降水量的总和。

世界各地，有的地方降水多，有的地方降水少。怎么才能了解世界上的降水分布情况呢？这就要用到等降水量线图了。同等高线、等温线一样，将同一时间内降水量相同的各点连成的线，就是等降水量线。

这里的等降水量线呈闭合形状，且越向中心显示的降水量越少，说明这里的中心地带降水少，是少雨中心。

等降水量线密集，表示这个区域内的降水量及地形与地面状况变化都较大，一般为山区或山地的迎风坡。

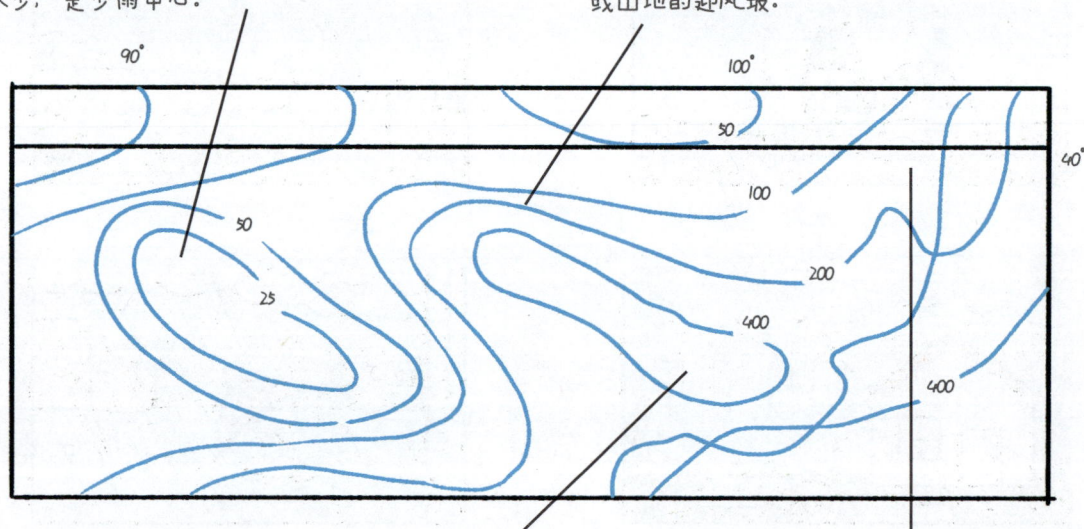

等降水量线呈闭合形状，且越向中心显示的降水量越多，说明这里是多雨中心。

等降水量线稀疏，说明这个区域内的降水量及地形起伏变化都较小，一般为平原、高原。

世界年降水量的分布会受海陆位置、地形、纬度等因素的影响，呈现一定的规律。

通常，年降水量大于 800 毫米为森林，400 ~ 800 毫米为森林草原，200 ~ 400 毫米为草原，小于 200 毫米为荒漠。

此外，世界年降水量的分布会受海陆位置、地形、纬度等因素的影响，呈现一定的规律。

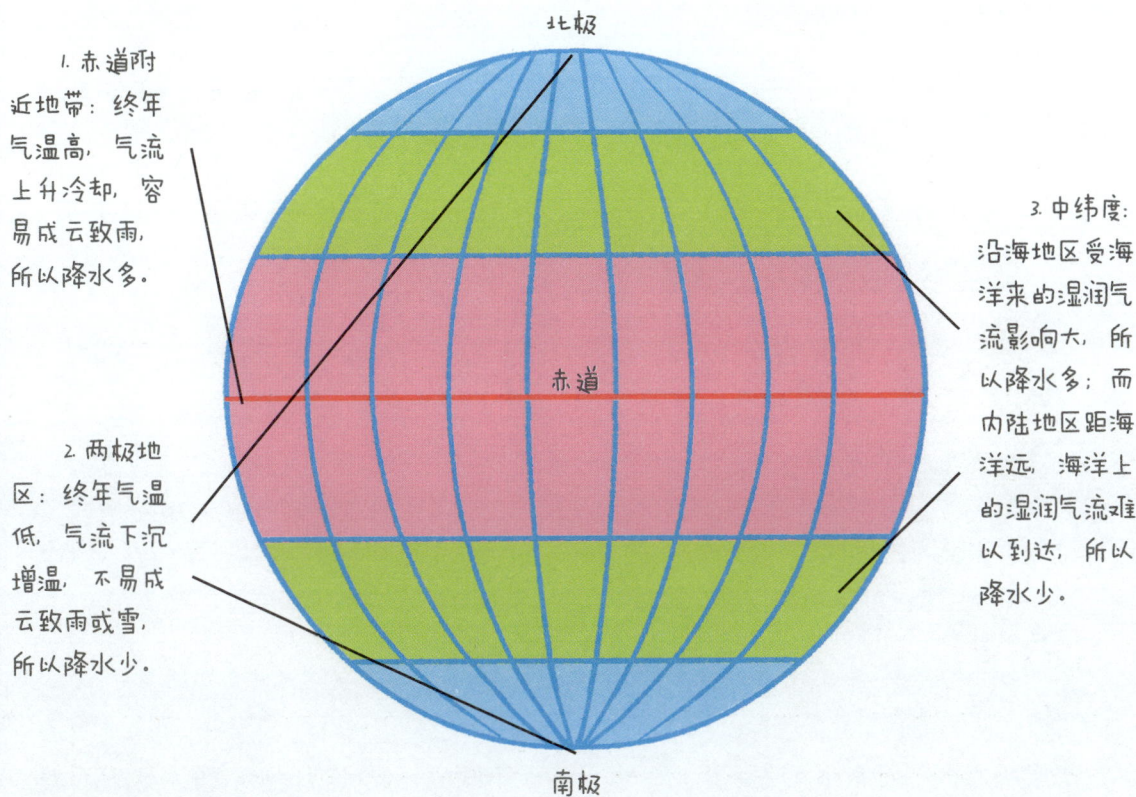

北极

1. 赤道附近地带：终年气温高，气流上升冷却，容易成云致雨，所以降水多。

3. 中纬度：沿海地区受海洋来的湿润气流影响大，所以降水多；而内陆地区距海洋远，海洋上的湿润气流难以到达，所以降水少。

赤道

2. 两极地区：终年气温低，气流下沉增温，不易成云致雨或雪，所以降水少。

南极

雨极：位于喜马拉雅山南麓印度东北部的乞拉朋齐，年降水量可达 20 000 毫米以上，获得了"雨极"的称号，是世界上降水量最大的地方。

干极：位于南美洲西海岸智利北部的阿塔卡马沙漠，气候极其干燥，经常连续几年不下雨，年平均降水量小于 0.7 毫米。特别是在 1845-1936 年期间，居然没有下过一滴雨。因此，它被称为"干极"。

各地气候大不同

气候是一个地区多年天气的平均状况，一般变化不大。比如，我们常说的冬暖夏凉、四季如春、终年严寒等，指的都是气候。气温和降水是气候的两大要素，不同地区的气温和降水量都不一样，气候特征就会有很大的不同。根据各地气候的差异，按照纬度位置，人们将全球气候分为五个主要气候带（热带、南温带、北温带、南寒带、北寒带），各气候带又有不同的气候类型。

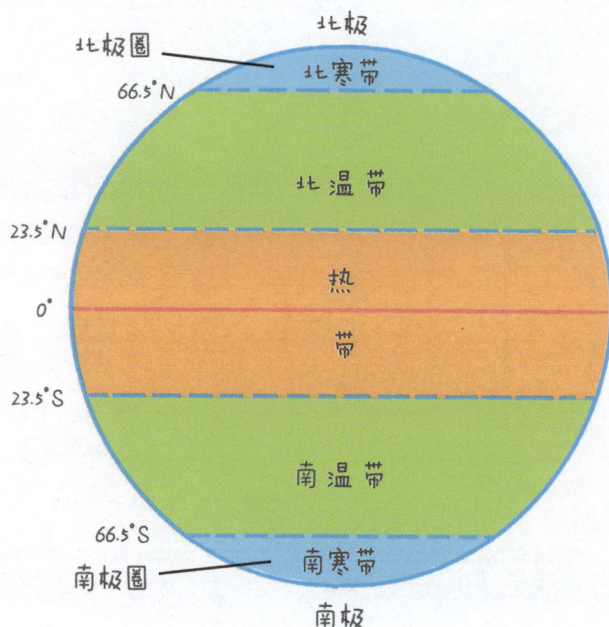

寒带气候（如寒带冰原气候、寒带苔原气候）

温带气候（如温带大陆性气候、温带海洋性气候、温带季风气候）

亚热带气候（如亚热带季风和湿润气候、地中海气候）

热带气候（如热带雨林气候、热带草原气候、热带沙漠气候、热带季风气候）

北极

北极圈

北寒带

66.5°N

北温带

23.5°N

热

0°

带

23.5°S

南温带

66.5°S

南寒带

南极圈

南极

气候与人们的日常生活关系密切，世界各地不同的气候类型也影响着当地人的方方面面。

1. 服装

生活在热带地区的人们全年只穿单衣。

生活在温带地区的人们可以根据四季气候变化来增减衣物。

生活在寒带地区的人们则常年穿着厚厚的衣服。

2. 饮食

我国北方地区属于温带季风气候，主产小麦，因此那里的人们多以面食为主食。

我国南方属于亚热带季风气候，盛产稻米，因此那里的人们多以大米为主食。

欧洲西部是温带海洋性气候，畜牧业发达，因此那里的人们多食肉类、牛奶制品。

3. 居住

热带沙漠地区白天炎热，昼夜温差大，所以那里的房屋通常墙厚、窗小，可阻挡白天的高温。

生活在寒带地区的因纽特人住冰屋，墙壁上挂满用来保暖的兽皮。

4. 交通

降水多的地区，人们用船作为交通工具。

寒带地区常年被冰雪覆盖，人们用雪橇运输物资。

5. 农业生产

海南水稻一年三熟。

东北水稻一年一熟。

来看不同气候下的美景

高原山地气候：分布在高山、高原地区，气候垂直变化明显。

地中海气候：分布在南北纬30°~40°大陆的西岸，夏季炎热干燥，冬季温和多雨。

热带沙漠气候：分布在南北回归线附近的大陆西岸和内陆地区，全年炎热干燥，以沙漠为主。

热带雨林气候：分布在赤道附近，全年高温多雨。

热带草原气候：大致分布在南北纬10°至南北回归线之间，全年高温，分旱季和雨季。

热带季风气候：分布在亚洲南部和东南部，全年高温，分旱雨两季，分布着热带雨林。

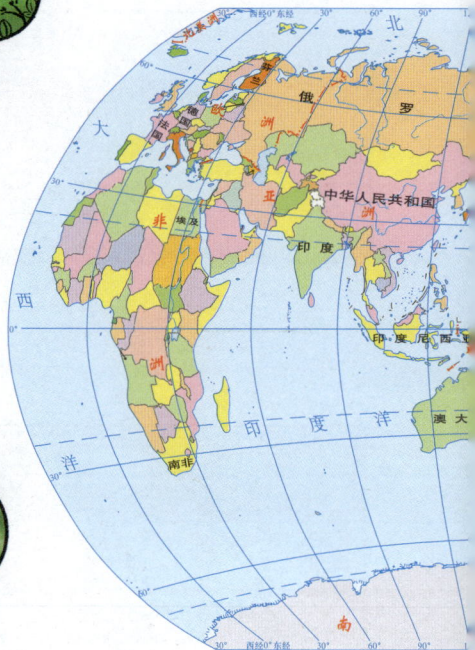

48

世界的气候复杂多样，不同的地区气候各不相同，进而呈现出不同的自然景观。尽管如此，它们的分布也是有一定规律的，一起来看看世界气候类型的分布吧！

温带季风气候：分布在北纬35°~55°大陆东岸，四季分明，夏季暖热多雨，冬季寒冷干燥。

寒带气候：分布在南北极圈以内，大部分地区气温很低，地面被冰雪覆盖。

温带大陆性气候：位于南北纬40°~60°大陆内部地区，冬季寒冷，夏季温和或炎热，降水少且集中在夏季。

温带海洋性气候：位于南北纬40°~60°大陆西岸，冬暖夏凉，降水均匀。

亚热带季风和湿润气候：分布在南北纬25°~35°大陆的东岸，夏季炎热多雨，冬季低温少雨。

地球上有多少人

地球是人类的家园，那你知道在这个家园里总共生活了多少人吗？世界人口的数量自有记录以来，一直都在不断增长，但是不同的历史时期，人口数量增长的特点不同。

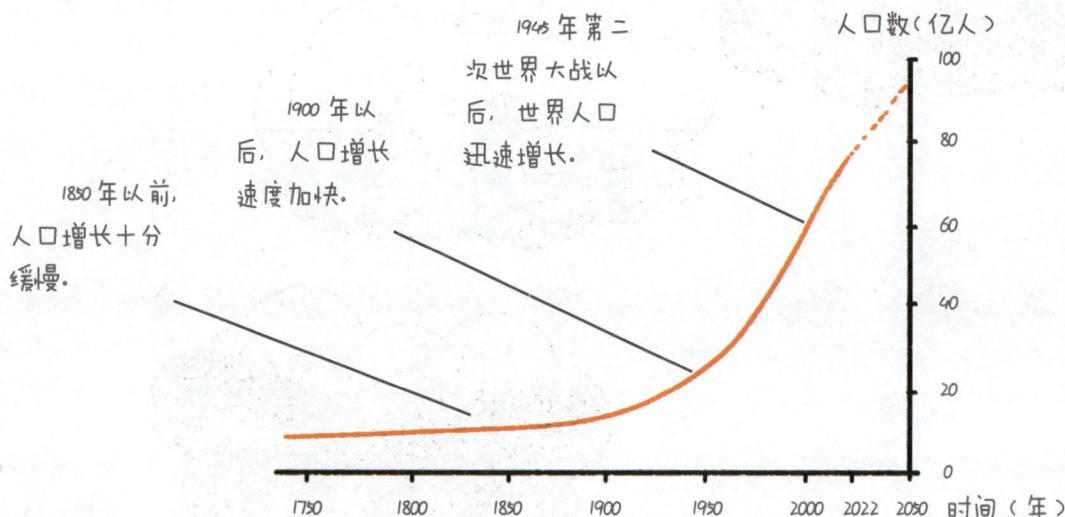

1850 年以前，人口增长十分缓慢。

1900 年以后，人口增长速度加快。

1945 年第二次世界大战以后，世界人口迅速增长。

人口数（亿人）

时间（年）

为什么近几十年来世界人口增长速度这么快呢？主要是因为现代的医疗水平和生活水平都提高了，使人类寿命延长，婴儿死亡率降低。当然了，具体到某个地区，人口增长速度并不一致。

非洲等国家和地区，人口增长速度最快。

亚洲、拉丁美洲等地区，人口增长速度也较快。

经济发达的欧洲人口增长速度最慢，有些国家甚至出现了负增长。

而且，人口增长速度快的地方总人口数量不一定多，而那些人口增长速度慢的地方，总人口数量可能会很多。所以，世界人口的分布是不平衡的，有的地方人口稠密，有的地方人口稀疏。

 人口疏密程度用人口密度表示，人口密度是指平均每平方千米内居住的人口数。

人口密度＝人口总数（人）÷面积（平方千米）

亚洲的东部和南部、欧洲以及北美东部的沿海和平原地区，面积广阔，地势平坦，土壤肥沃，气候温和，降水较多，农业、工业和城市发展历史早，交通便利，经济发达，因此人口稠密。

平原地区

沿海地区

这些地方自然环境恶劣，农业、工业都很难发展，交通不便，不适合人类生存，所以人口稀疏。

极端干旱的沙漠地区

气候湿热的雨林地区

终年严寒的极地地区

高海拔的高原地区

上下班高峰期拥堵的道路。

地铁站人挤人。

开往×× 开往××

节假日景点人山人海。

医院里拥挤的患者。

挂号①

　　这些拥挤的场面你经历过吗？每当这时，第一感觉就是人好多啊！确实如此，我国社会稳定，经济发展迅速，医疗卫生条件改善，人口迅速增长，目前是世界上人口第二多的国家，仅次于印度。

　　国家考虑到了人口问题对社会经济发展的影响，所以从1973年开始分阶段实行计划生育政策，以保证人口增长和经济社会持续协调、健康发展。

1973-2016年：一对夫妻只允许生一个孩子，以控制人口增长速度。

2016-2021年：一对夫妻允许生育两个孩子了，保证人口均衡发展。

2021年5月31日至今：一对夫妻可以生育三个孩子，以积极应对人口老龄化。

世界上，人口超过 5000 万的国家，被称为"人口大国"，而我国目前人口超过 5000 万的省份就有 10 个，分别为广东、山东、河南、四川、江苏、河北、湖南、安徽、湖北、浙江。对照我国地图，你发现了什么？

这些人口大省均处于我国的东南部，这里大多是平原或盆地，气候温暖湿润，降水多，城镇数量多且分布集中，农业、工业、交通运输业发达，所以人口密集（占全国总人口的 94%）。而西北地区虽然面积大，但多是干旱荒漠、山地、高原，气候干燥，交通不便，城镇少，所以人口非常稀疏（占全国总人口的 6%）。可见，我国人口分布是很不均匀的。

【小知识】
中国人口地理分界线

1935 年，我国著名地理学家胡焕庸根据中国人口密度图，提出了著名的瑷珲—腾冲线，总结出我国人口东南部多、西北部少的分布格局。因此，这条线又叫"胡焕庸线"。

20

看，他们的肤色不一样

你见过白种人和黑种人吗？与我们黄种人相比，他们都有哪些不同的身体特征呢？一起来对比看一下。

黄色人种

肤色：淡黄色。

头发：乌黑，平直。

瞳色：黑色。

面部：面庞扁平，鼻子为中等高度。

体毛：中等。

体型：身材中等。

白色人种

肤色：浅淡发白。

头发：发色浅，弯曲呈波浪状。

瞳色：较浅，呈蓝灰、碧绿、灰褐等多种颜色。

面部：鼻梁细高，嘴唇薄。

体毛：较多。

体型：身材较高。

黑色人种

肤色：黝黑或深棕色。

头发：乌黑，卷曲。

瞳色：黑色。

面部：面庞较平，鼻翼宽，嘴唇较厚并向外翻，下巴较低。

体毛：较少。

体型：四肢较长。

不同人种在肤色、眼睛颜色、发色、发型、身高、面型、鼻型等方面，都有许多不同的地方。也正是根据这些身体方面的特征，将人类分为白色人种、黄色人种和黑色人种三个主要人种。

世界人种的分布既有大范围集中，也有小范围的零星分布。人口最多的是白色人种，其次是黄色人种，然后是黑色人种。但不论人口数量有多少，世界上所有的人种都是平等的，没有高低优劣之分。

那为什么不同人种的身体特征会有这么大的不同呢？一方面是受遗传因素的影响，另一方面则是长期适应当地自然环境的结果。

黑色人种约占世界总人口的8.5%，主要分布在非洲中南部、大洋洲西北部等热带地区。这些地区气温较高，太阳辐射强烈。他们黑色皮肤内的黑色素可以吸收太阳光中的紫外线，从而保护皮肤；头发卷曲，形成一个隔热层，从而保护头部；宽大的鼻腔、口形和厚唇，有助于冷却吸入的空气；体毛少，便于散热。

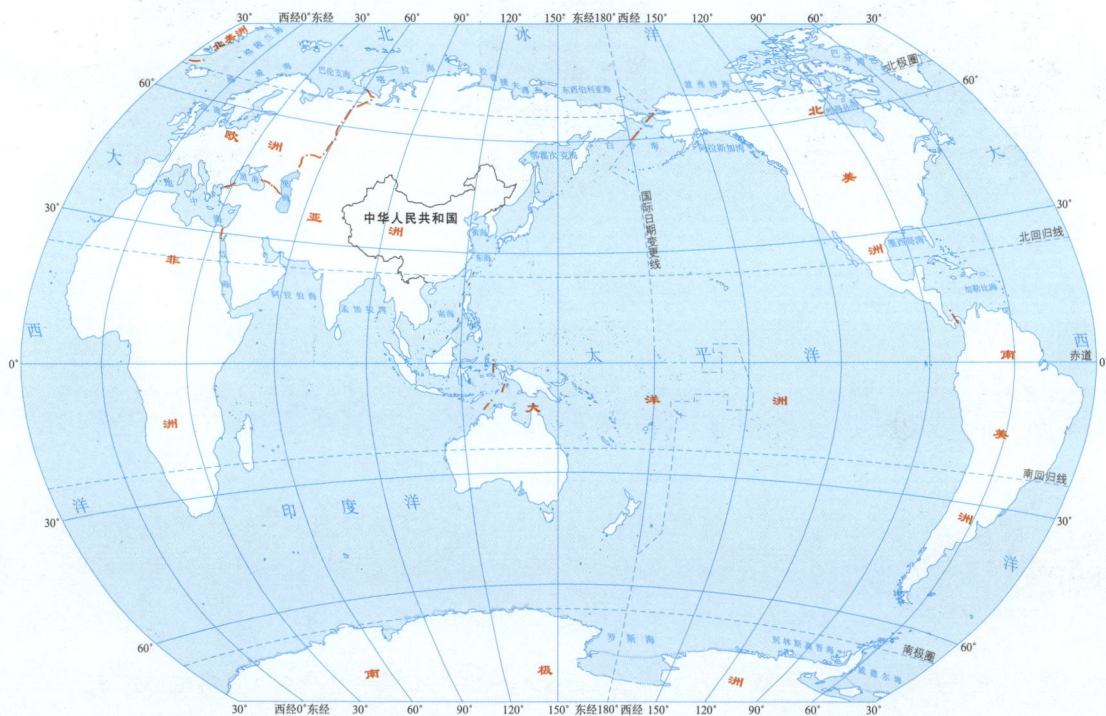

白色人种约占全世界总人口的54%，主要分布在欧洲、北美洲中部、大洋洲东南部、非洲北部、南美洲东南部、亚洲西部等中高纬度地区，气候寒冷，日照少，所以人的肤色、发色和瞳色都较淡；鼻子高、窄、长，可使冷空气较缓地进入肺部；体毛稠密，可以防寒。

黄色人种约占世界总人口的37%，主要分布在亚洲东部和东南部、北美洲北部、南美洲西北部等温带地区，气候温和，太阳光照适中，所以这些地区的人通常为黑发、淡黄色皮肤、体毛中等，鼻子也是中等高度。

你发现了吗？纬度越高，气温越低，日照越少，人的肤色越浅；纬度越低，气温越高，日照越多，人的肤色越深。可见，在人类的形成和进化过程中，自然环境起到了很大的作用。

小朋友们，现在拿出彩笔，在上面的世界地图上把三个人种的分布地区涂上喜欢的颜色吧！注意，同一人种要用相同的颜色哦。

21

世界语言你会几种

世界上不同的国家、地区和民族,使用着不同的语言。那你知道语言都有哪些作用吗?

语言是日常生活中人们交流和沟通的工具。

语言能够保存和传递人类文明的成果。

语言是每个民族的重要特征之一,每个民族都有自己的语言。

目前,全世界共有五千多种语言,有的语言只在特定的地区使用,使用的人数很少;有的语言则在全世界广泛使用。

汉语、英语、法语、俄语、西班牙语、阿拉伯语是世界上最主要的语言,也是联合国的工作语言。

这六种主要语言,你会说几种?比如,与人见面打招呼时,我们通常会说"你好",除了用汉语,你还会用哪些语言表达"你好"呢?

你好!

汉语

Hello !

英语

Bonjour !

法语

Приве́т !

俄语

Hola !

西班牙语

！ ﺍﻟﺴﻼﻡ ﻋﻠﻴﻜﻢ

阿拉伯语

来看一下世界上这六种最主要的语言都分布在哪里，然后在世界地图上把它们分布的主要地区涂上喜欢的颜色。

汉语：主要分布在亚洲东部、东南亚等地区。

俄语：主要分布在俄罗斯、东欧、中亚等国家和地区。

英语：主要分布在欧洲西部、北美洲、大洋洲等地区。

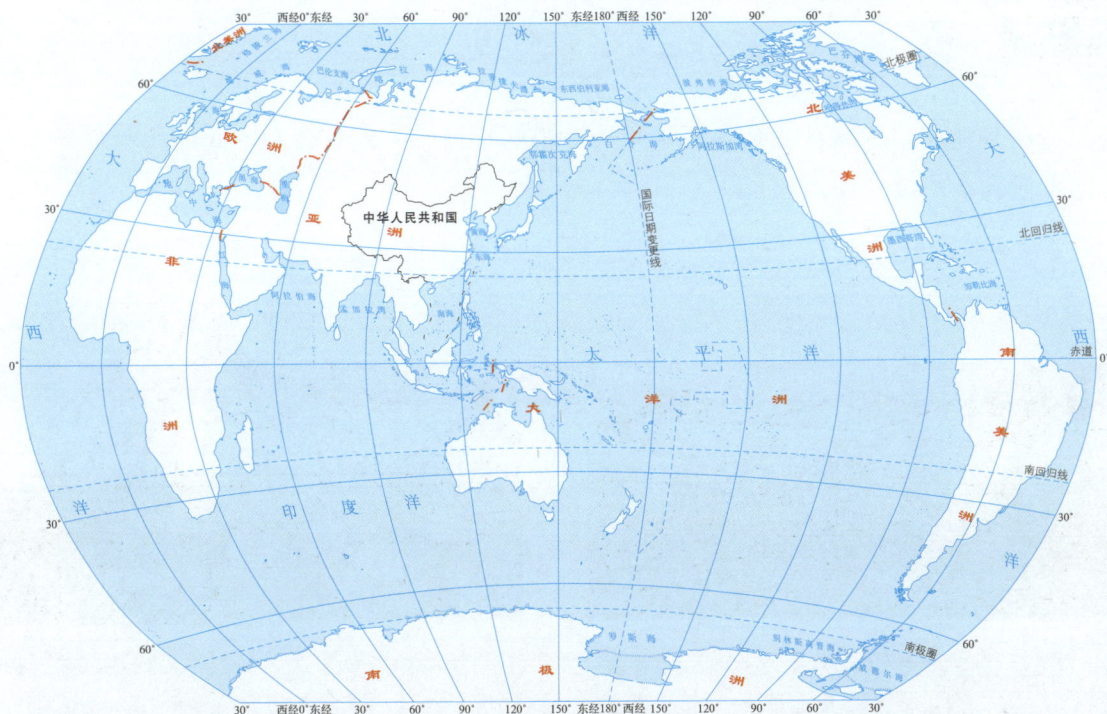

法语：主要分布在法国、中非、加拿大等国家和地区。

阿拉伯语：主要分布在西亚、北非等地区。

西班牙语：主要分布在西班牙、拉丁美洲等国家和地区。

除了这六种最主要的语言，全世界还有数千种语言分布在世界各地。其中，英语是世界上使用范围最广的语言，而汉语是使用人数最多的语言，尤其近年来，随着中国经济的发展，世界各地掀起了汉语学习热潮，许多国家和地区建立了孔子学院和孔子课堂。

你住在哪里？是城市还是乡村？但不管在哪里，这些地方都有一个统一的名字——聚落。

聚落是人们的集中居住地和生活的场所，分为乡村聚落和城市聚落。

乡村聚落是乡村地区人们生活的地方，虽然规模小，但有各种不同的自然景观，人们的工作和生活也各具特色。

农村：以从事种植业生产为主的人们聚居的地方。人们日出而作，日落而息，有农田、果树，有乡间小路，可通往附近的小镇。

牧村：以从事畜牧业为生的牧民们聚居的地区。牧民们住在帐篷里，以牧牛、牧羊等为生，到处是一望无际的大草原。

渔村：渔民聚居的村庄，人们主要从事渔业捕捞和水产养殖业。波光粼粼的水面、来往的船只、新鲜的水产……共同构成了一幅优美的渔村风情画卷。

林场：从事培育、管理、采伐树木等工作的人们聚居的地区。放眼望去，林海浩瀚，群山环绕，远离城市喧嚣，是与大自然亲密接触的好地方。

通常先有了乡村聚落之后，才会逐步形成规模更大的城市聚落，呈现的景观也截然不同了。

城市里有商场、写字楼、住宅、医院、学校等各种建筑，道路纵横，车辆很多；人们主要从事工业、商业、服务业等工作。

为什么有的地方能够形成聚落，而有的地方没有聚落或聚落很少呢？这与人口分布不均衡有关，主要是受自然环境的影响。自然环境越优越的地方，越容易形成聚落，人口也就越多。

水源充足，靠近井、泉、江、河、湖、海等水源地。

土壤肥沃，适宜耕作。

自然资源丰富，如有林、渔、矿等资源。

交通便利，比如有众多交通沿线和交会处、沿海港口等。

地形平坦，便于建造房屋。

所以，在一些河流中下游平原地区或河口、沿海地区，工农业生产比较发达，聚落分布比较密集；而那些高山、荒漠地区，则少有或没有聚落。

世界上的自然环境千差万别，聚落的形态也各不相同。

团块状聚落：一些平原地区面积广阔，地形平坦，聚落规模会比较大，人口众多，房屋密集且集中，呈团块状分布。

条带状聚落：在山区，通常会沿着河流、山麓、谷地等形成聚落，规模较小，房屋稀疏且分散，呈条带状分布。有些平原地区也会沿河流形成条带状聚落。

聚落中房屋也会因为需要适应当地的自然环境，而呈现出不同的建筑样式，形成了显著的地域特色。有些传统聚落更是从不同角度记录了当时历史、政治、文化等信息，是我们了解当时人们生活情况的一部"活"的"百科全书"。

热带雨林地区：全年气候湿热，雨水多，所以他们的房屋通常是双层木楼或竹楼。下层空着或放杂物、养牲畜，上层住人；悬离地面，便于散热防潮；楼顶较陡，便于排水。

北极地区：终年严寒，冰天雪地，没有其他的建筑材料，所以因纽特人就地取材，用冰块砌成低矮的雪屋，没有窗户，外表很像一口大锅扣在地上，但保温效果好，可以抵抗寒冷。

黄土高原地区：气候干燥，黄土层非常深厚，土质十分坚固，不会渗水。人们利用高原的有利地形，在黄土层上凿穴而居，厚厚的屋顶和墙壁既能保温也能隔热，冬暖夏凉。

温带草原地区：游牧民族逐水草放牧，一年内需要多次转换牧场。蒙古包就是牧民为了适应游牧生活而建造的，用木杆作为支架，外面罩上白色的羊毛毡，便于拆卸和搭建，保暖效果也很好。

你还知道哪些有特色的民居？它们与当地自然环境有什么关系？

世界最大的发展中国家

在全世界 130 多个发展中国家中，中国是最大的发展中国家。中国经济发展迅速，特别进入 21 世纪以后，经济发展更是突飞猛进，取得了令人瞩目的成就。

依靠科学技术，因地制宜大力发展高产、优质、高效、生态、安全的现代化农业，主要农业产品的产量跃居世界前列，用世界不到 10% 的耕地养活了世界 20% 的人口。

工业门类齐全，基础雄厚，规模庞大，钢铁、汽车、化肥、水泥、煤炭产量居世界首位。不仅进行技术研发和创新，还努力打造国产品牌，正在向制造业强国迈进。

我国成为世界最大的货物出口国，在世界各地几乎都能看到我国生产的商品。

我国成功完成了无人和载人航天飞行，拥有自己的国际空间站，已经跻身世界先进航天国家之列。

随着科技的不断进步，我国交通已经形成公路、铁路、水路、航空、管道等现代立体交通运输网络。

铁路

水路

公路

航空

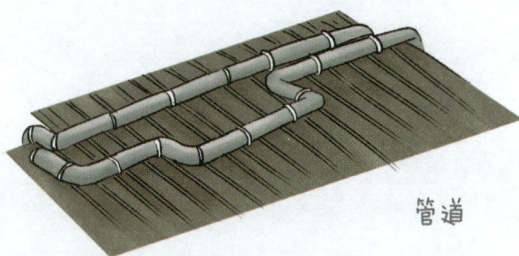

管道

我国大力发展军事力量，实现了多兵种协同作战，研制和装备了种类齐全的常规武器力量，拥有了航空母舰和核武器，国防科技水平不断提高。

2001 年我国加入世界贸易组织，为我国经济走向世界提供了更大的舞台。目前，我国国内生产总值超越日本，成为世界第二大经济体。

作为发展中的大国，中国在国际上的影响力越来越大。我国是联合国安全理事会常任理事国，参与联合国维和行动，参与国际交流与合作，积极参与国际救援，为应对全球气候变化作出不懈努力，充分体现我国作为负责任的大国，正发挥着越来越重要的作用。

· 写给小学生的科学知识系列 ·

地理这么迷人

世界地理放眼看

王 杰◎编著

吉林科学技术出版社

图书在版编目（CIP）数据

地理这么迷人 / 王杰编著 . -- 长春 : 吉林科学技
术出版社 , 2024.2
　（写给小学生的科学知识系列）
　ISBN 978-7-5744-0604-9

　Ⅰ . ①地… Ⅱ . ①王… Ⅲ . ①地理—少儿读物 Ⅳ .
① K9-49

中国国家版本馆 CIP 数据核字 (2023) 第 132416 号

写给小学生的科学知识系列

地理这么迷人
DILI ZHEME MIREN

编　　著	王　杰	
出 版 人	宛　霞	
责任编辑	周　禹	
助理编辑	宿迪超　郭劲松　徐海韬	
封面设计	长春美印图文设计有限公司	
美术编辑	黄雪军	
制　　版	上品励合 (北京) 文化传播有限公司	
幅面尺寸	170 mm × 240 mm	
开　　本	16	
字　　数	150 千字	
印　　张	12	
页　　数	192	
印　　数	1-6000 册	
版　　次	2024 年 2 月第 1 版	
印　　次	2024 年 2 月第 1 次印刷	

出　　版　吉林科学技术出版社
发　　行　吉林科学技术出版社
社　　址　长春市福祉大路 5788 号出版大厦 A 座
邮　　编　130118
发行部电话 / 传真　0431-81629529　81629530　81629531
　　　　　　　　　　81629532　81629533　81629534
储运部电话　0431-86059116
编辑部电话　0431-81629378
印　　刷　长春百花彩印有限公司

书　　号　ISBN 978-7-5744-0604-9　审图号：GS 吉（2023）153 号
定　　价　90.00 元（全 3 册）

目 录

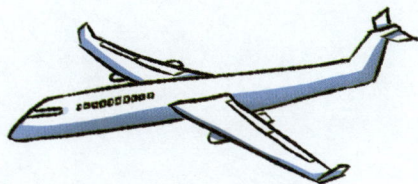

从南北半球看，陆地主要集中在北半球，海洋主要集中在南半球

从东西半球看，陆地主要集中在东半球，海洋主要集中在西半球

全球陆地总面积29%，海洋71%

海陆分布

四大洋

太平洋：面积最大，最深，边缘海和岛屿最多

大西洋：世界第二大洋，跨纬度最广

印度洋：世界第三大洋，全部位于东半球

北冰洋：位于地球最北端，面积最小，最浅，水温最低，跨经度最广

亚洲：面积最大，海岸线曲折，多岛屿、半岛

非洲：世界第二大洲，海岸线平直

北美洲：北部海岸线曲折

南美洲：海岸线平直，半岛、岛屿少

南极洲：纬度最高，跨经度最广，无人定居

欧洲：海岸线曲折，多岛屿、半岛、海湾等

大洋洲：面积最小，岛屿多，有三组群岛

亚洲和欧洲：乌拉尔山脉、乌拉尔河、里海、大高加索山脉、黑海海峡、博斯普鲁斯海峡、马尔马拉海、达达尼尔海峡

亚洲和非洲：红海、苏伊士运河

欧洲和非洲：直布罗陀海峡、地中海

南美洲和北美洲：巴拿马运河

亚洲和北美洲：白令海峡
南美洲和南极洲：德雷克海峡

七大洲的分界线

陆地和海洋

七大洲

海陆的变迁

原因：地壳运动、海平面的升降、人类活动

大陆漂移说：魏格纳

六大板块：亚欧板块、美洲板块、非洲板块、印度洋板块、太平洋板块、南极洲板块

板块构造学说

板块内部稳定；交界地带活跃，多火山、地震

引导地表形态变化的力量

内力作用：地壳活动、火山、地震

外力作用：风化、侵蚀、冲击、搬运

4

世界之旅

分区：东亚、东南亚、南亚、西亚、中亚、北亚

地形：以高原、山地为主，中部高，四周低

气候：复杂多样，大陆性气候分布广，季风气候显著

亚洲

以高原为主，热带气候

黑种人的故乡

矿物资源、生物资源丰富

撒哈拉以南非洲

南亚最大的国家

人口增长快

服务外包产业

印度

世界活化石博物馆：袋鼠、桉树等

骑在羊背上的国家：养羊业发达

坐在矿车上的国家：矿产资源丰富

马六甲海峡："海上生命线"

大部分位于热带，主产水稻、天然橡胶等

中南半岛地形山河相间

马来群岛多山地，地壳活跃

东南亚

澳大利亚

酷寒、干燥、烈风

自然资源的"大仓库"

南极科考，极地保护

位于亚洲东部，地狭人稠

丘陵、山地为主，多优良港湾

耕地少，渔业兴盛，"进口—加工—出口"型经济

东西方文化兼容

日本

世界之旅

南极地区

巴西

面积最大，地跨亚欧两洲

以西部平原为主，东部多高原、山地

自然资源丰富，重工业发达，交通发达

俄罗斯

热带大国，以高原、平原为主

混血种人数量多，独特的巴西文化

农业：热带经济作物产量高

工业：铁矿丰富，钢铁、造船等产业发达

亚马孙河，热带雨林的开发与保护

美国

面积世界第四

民族大熔炉

农业生产专业化

工业发达

以温带海洋性气候为主

人口稠密，以白种人为主，发达国家集中

以畜牧业为主，自然景观丰富多彩

欧洲西部

北极地区

大部分为海洋

自然资源丰富

北极科考及极地保护

西经 0° 东经 30° 60° 90° 120°

欧 洲

大

冰岛

挪威
瑞典
芬兰

英国

俄罗斯

莫斯科

俄 罗 其

法国
意大利
西班牙

德国
波兰
乌克兰

哈萨克斯坦

蒙 古

北京

中华人民共和国

摩洛哥

阿尔及利亚

利比亚

埃及

亚 洲

伊朗

阿富汗
巴基斯坦

日

毛里塔尼亚
马里

非

尼日尔

开罗

沙特阿拉伯

新德里

缅甸

越

毛里塔尼亚

乍得

苏丹

也门

印度

泰国

南

尼日利亚

中非

埃塞俄比亚

索马里

阿拉伯海

孟加拉湾

密克

加蓬

刚果民主共和国

肯尼亚

马来西亚

马六甲海峡

新

洲

坦桑尼亚

马尔代夫

印度

尼西亚

安哥拉

赞比亚

莫桑比克

马达加斯加

雅加达

纳米比亚

比勒陀利亚

南非

印 度 洋

澳大利亚

洋

南

西经 0° 东经 30° 60° 90° 120°

6

洋

格陵兰 (丹) 北极圈

60°

北 大

美国

加

拿

渥太华

美 国

白令海

华盛顿

30°

北回归线

墨 洲

西

墨西哥城 哥

古巴

加勒比海

波

利

西

马绍尔群岛

尼

西

太 亚 尼

巴拿马

委内瑞拉

哥伦比亚

南

西

赤道 0°

联邦

平 尼

洋 亚

洲

西 尼

厄瓜多尔

亚马孙河

西

秘

鲁 玻利维亚

巴 西

美

亚

巴西利亚

南回归线

巴拉圭

新 西 兰

智 阿

圣地亚哥 洲 乌拉圭

利 根

30°

洋

廷

罗斯海

南极圈

60°

洲

洲

进入太空的宇航员，从太空上看地球，都说看到的是一个蔚蓝色的星球，且它看上去更像 "水球"。

转一下地球仪，地球仪上蓝色部分表示的都是海洋，占据了地球仪表面的绝大部分位置。

"地球明明更像一个水球啊！"

海洋 —— 陆地

由此，我们可以得出结论，地球表面明显分为陆地和海洋。海洋彼此相连，陆地则被海洋分割成许多大小不等的块。不过，世界海陆的分布很不均匀，都有哪些特点呢？

从南北半球看： 陆地主要集中在北半球，占北半球的 39%，但是北极周围是一片海洋；海洋大多分布在南半球，占南半球的 81%，而南极周围是一块陆地。

南北半球海陆的比例图

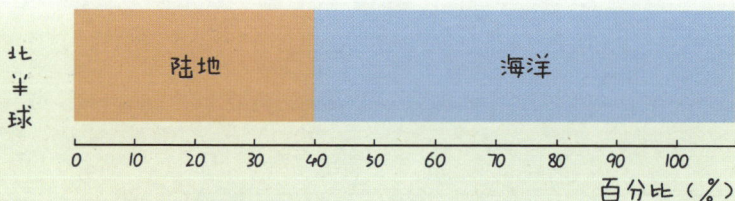

北半球

| 陆地 | 海洋 |

0 10 20 30 40 50 60 70 80 90 100　百分比（%）

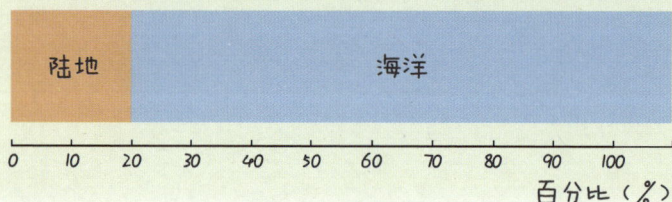

南半球

| 陆地 | 海洋 |

0 10 20 30 40 50 60 70 80 90 100　百分比（%）

从东西半球看：东半球陆地占 38%，海洋占 72%。

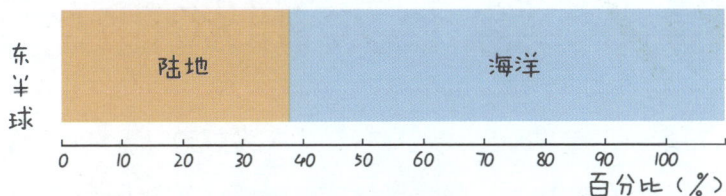

西半球陆地占 20%，海洋占 80%。

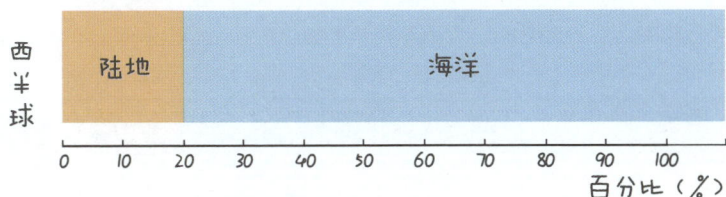

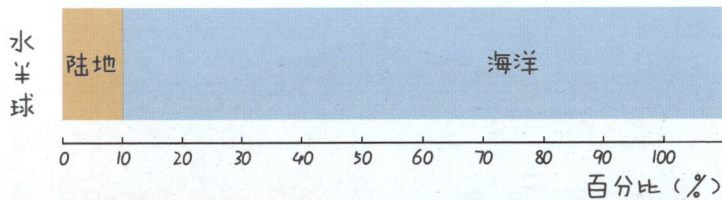

从水陆半球看：水半球陆地占 10%，海洋占 90%。

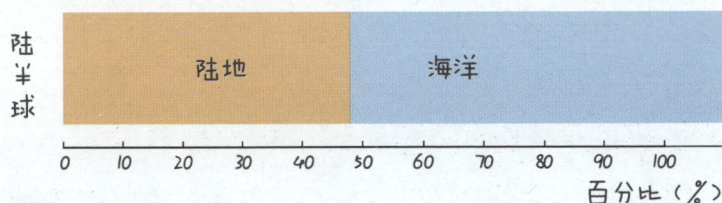

陆半球陆地占 48%，海洋占 52%。

无论我们怎样划分，在地球上任何两个大小相等的半球上，都是海洋面积大于陆地面积。

根据计算，全球海洋的总面积约为 3.62 亿平方千米，占地球表面的 71%，而陆地总面积约为 1.48 亿平方千米，仅占地球表面的 29%。因此才有了"三分陆地，七分海洋"的说法。

02

给七大洲和四大洋划分地盘

观察一下世界地图或地球仪，你会发现地球上的陆地都被海洋包围着，并且被分隔成大小不同的陆块。而海洋既被陆地隔离，又相互连通。由此使得陆地和海洋都具有了不同的形态，下面就先来认识一下吧。

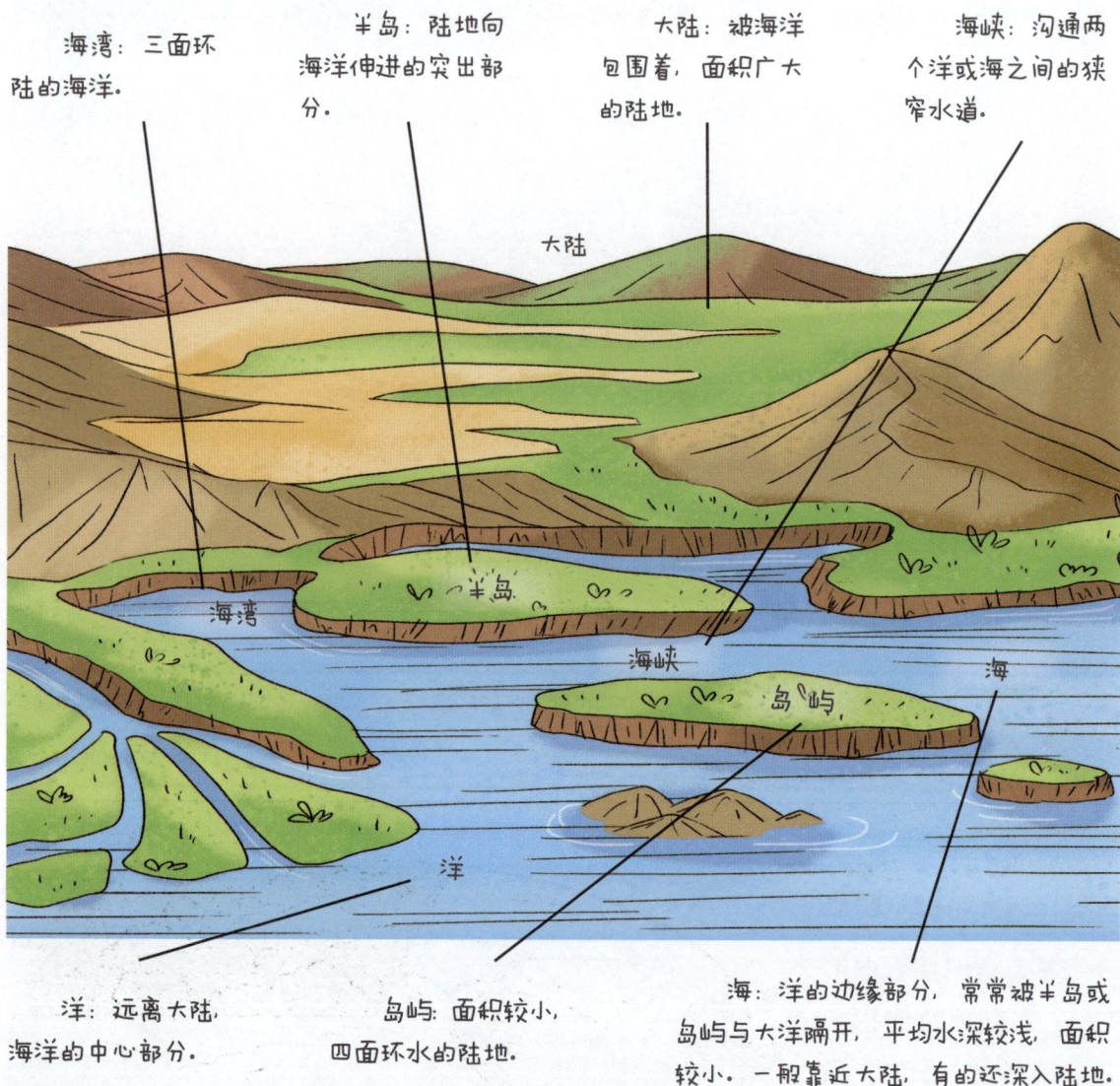

海湾：三面环陆的海洋。

半岛：陆地向海洋伸进的突出部分。

大陆：被海洋包围着，面积广大的陆地。

海峡：沟通两个洋或海之间的狭窄水道。

大陆

海湾

半岛

海峡

岛屿

海

洋

洋：远离大陆，海洋的中心部分。

岛屿：面积较小，四面环水的陆地。

海：洋的边缘部分，常常被半岛或岛屿与大洋隔开，平均水深较浅，面积较小。一般靠近大陆，有的还深入陆地。

地球上共有6块大陆：亚欧大陆、非洲大陆、南美大陆、北美大陆、南极大陆、澳大利亚大陆。其中，最大的大陆是亚欧大陆，最小的大陆是澳大利亚大陆，最热的大陆是非洲大陆，最冷的大陆是南极大陆。

大陆与它周围的岛屿合起来称为大洲。全球陆地共分为七个大洲，即亚洲、欧洲、非洲、北美洲、南美洲、大洋洲和南极洲。大洲与大洲之间的分界线是人为划定的。

欧洲与非洲的分界线：直布罗陀海峡·地中海。

亚洲与欧洲的分界线：借助了天然界线，如乌拉尔山脉－乌拉尔河－里海－大高加索山脉－黑海海峡－博斯普鲁斯海峡－马尔马拉海－达达尼尔海峡。

亚洲与非洲的分界线 红海·苏伊士运河，后者1869年修筑通航，沟通了地中海和红海，连接了大西洋和印度洋。

亚洲与大洋洲分界线：新几内亚岛西侧与澳大利亚西北侧。

"现在就来了解一下七大洲之间的分界线分别在哪里吧！"

亚洲与北美洲的分界线：白令海峡，沟通了北冰洋和太平洋。

欧洲与北美洲的分界线：丹麦海峡，连接北冰洋和大西洋。

南美洲与南极洲的分界线：德雷克海峡，沟通太平洋和大西洋。

北美洲与南美洲的分界线：巴拿马运河，由美国建造完成，1914年开始通航连接太平洋和大西洋。

而全球海洋则被分为四个大洋，依据面积从大到小依次为：太平洋、大西洋、印度洋、北冰洋。

现在，通过世界地图，我们来认识一下七大洲和四大洋的轮廓和大小，以及它们之间的相对位置。

欧洲：全称"欧罗巴洲"，意为"西方日落之地"，面积约1000万平方千米。海岸线曲折，多岛屿（不列颠群岛等）、半岛（巴尔干半岛等）和海湾（比斯开湾等）。

亚洲：全称"亚细亚洲"，是"东方日出之地"，面积约4400万平方千米，是世界最大的大洲。海岸线曲折，多岛屿（马来群岛等）、半岛（印度半岛等）。

北冰洋：又称北极海，位于地球最北端，以北极圈为中心，被亚欧大陆和北美大陆环抱着，是世界最小、最浅、水温最低的大洋，也是跨经度最广（所有经度）的大洋。

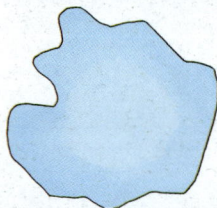

非洲：全称"阿非利加洲"，意为"阳光灼热的大陆"，面积约3000万平方千米，是世界第二大洲。海岸线平直，有岛屿（马达加斯加岛）、海湾（几内亚湾）。

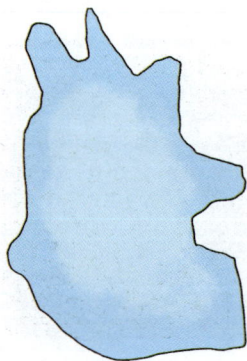

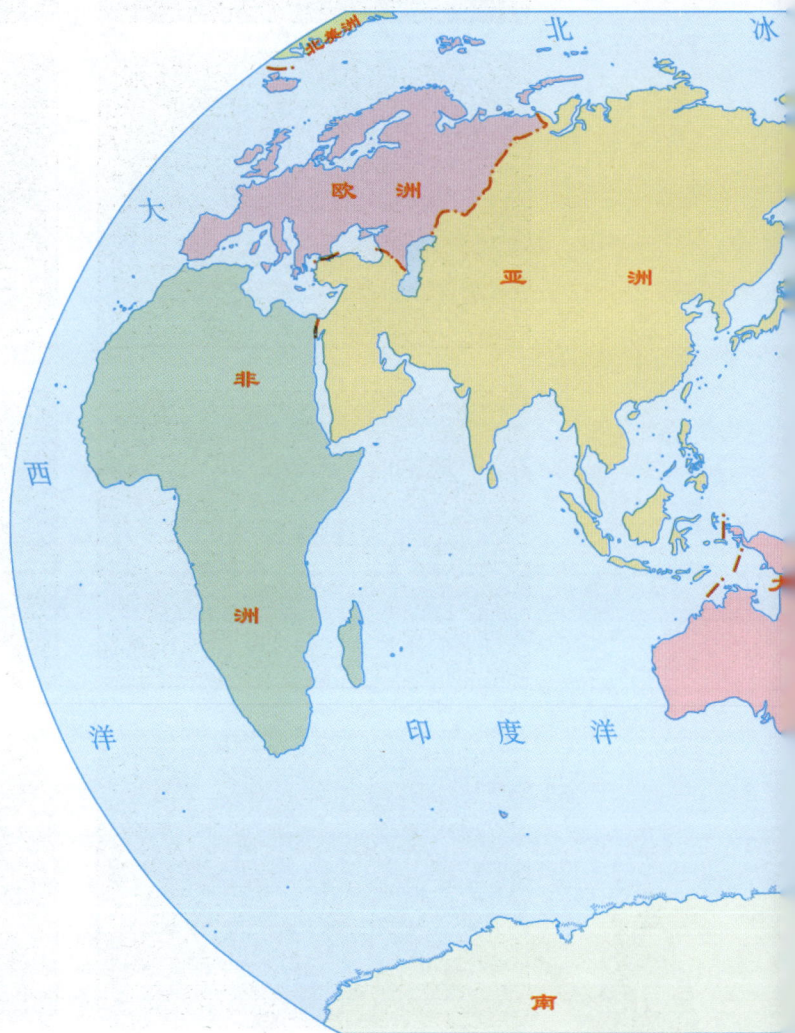

印度洋：位于亚洲、大洋洲、非洲和南极洲之间，是世界第三大洋，也是完全位于东半球的大洋。

大洋洲：意为"大洋中的陆地"，面积约900万平方千米，是世界最小的大洲。岛屿众多，有三组群岛及新几内亚岛等。

14

北美洲：全称"北亚美利加洲"，指巴拿马运河以北的美洲。面积约2400万平方千米，是世界第三大洲。北部海岸线曲折，有世界第一大岛——格陵兰岛。

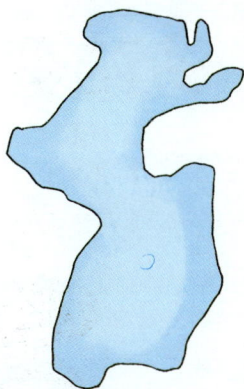

大西洋：位于欧洲、非洲、南极洲与南美洲、北美洲之间，大致呈"S"形，以赤道为界被划分成北大西洋和南大西洋，是世界第二大洋，也是跨纬度最广的大洋。

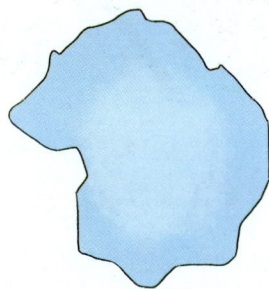

太平洋：位于亚洲、大洋洲、南极洲和南美洲、北美洲之间，是世界上最大、最深、边缘海和岛屿最多的大洋。

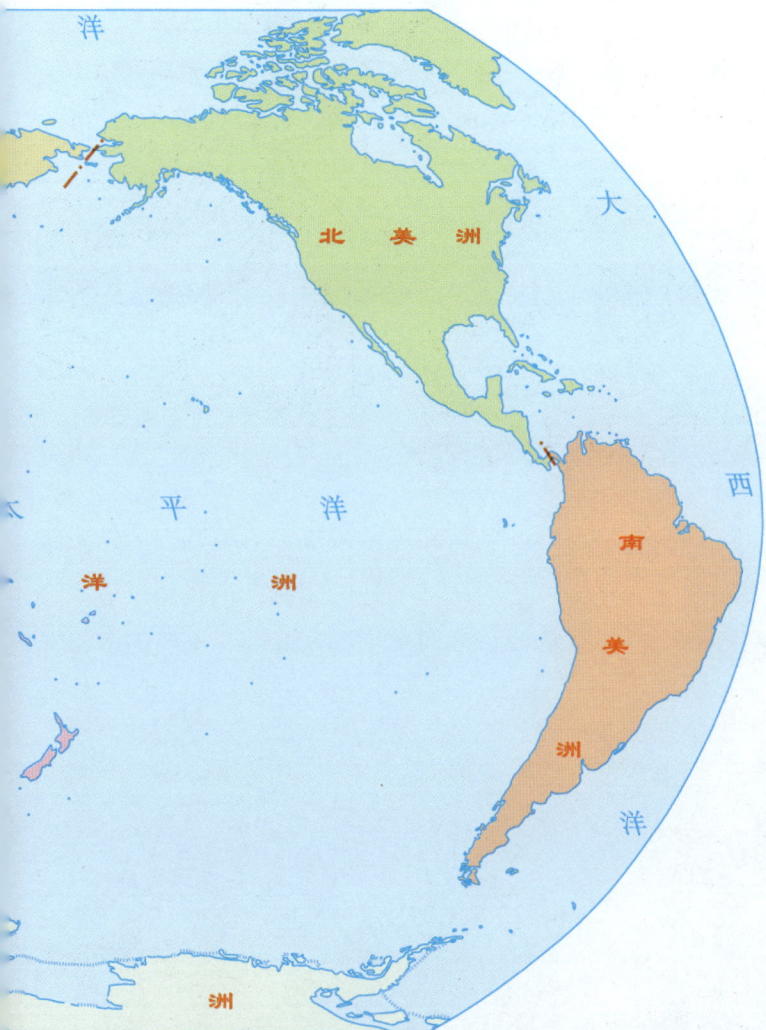

南美洲：全称"南亚美利加洲"，指巴拿马运河以南的美洲。面积约1800万平方千米，是世界第四大洲。海岸线平直，岛屿、半岛少。

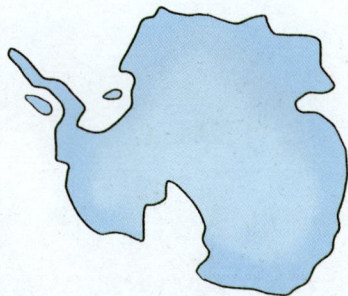

北 美 洲

大

西

平 洋

洲

洋 洲

南

美

洲

洲

南极洲：因位于南极地区而得名，绝大部分位于南极圈内，四周被大洋环绕，面积约1400万平方千米，是跨经度最广（所有经度）、纬度最高、平均海拔最高的大洲。这里终年被冰雪覆盖，是唯一无人定居的大洲。

03

沧海桑田，海陆变迁

你知道"沧海桑田"这个成语故事吗？它出自我国古书《神仙传·麻姑》。传说有一个叫麻姑的仙女，负责巡视蓬莱仙岛，曾经三次看到东海变为桑田。有一次，当她再次到蓬莱时，发现海水又浅了许多。

难道这里的海又要变成陆地了吗？

后人以"沧海桑田"来比喻世事变化很大，但其实，它的原意就是指海陆变迁。由此可见，海陆的变迁早在古代就已经被人们所觉察和认识。

随着科技的发展，人类发现了越来越多证明海陆变迁的实例，也找到了造成这种变化的原因。最重要的一个原因就是地壳变动。

北宋科学家沈括根据太行山岩石中发现的螺、蚌等化石和沉积物，分析出我国的华北平原过去曾是海滨，后来发生了海陆的变迁。

在喜马拉雅山上发现了鱼、海螺、海藻等海洋生物的化石，说明这里曾经是海洋，后来由于地壳的变动隆起成山。

海平面的升降也是导致海洋陆地变迁的一个重要原因。

我国渤海的海底发现了长约7千米的海河古河道以及水井等人类活动的遗迹，说明这里曾经是陆地，由于海平面上升而变为海洋。

黄河三角洲地区在不断"生长"，以平均每年1.5~3千米的速度向渤海推进。这是由于大量泥沙的冲积，使海平面降低所致。

此外，人类活动如，围海造田，也会造成海陆的变迁。

荷兰是世界著名的"低地国"，全国近1/4的陆地低于海平面，为了获得更多的土地，荷兰人建了围海大坝，目前约有1/5的国土来自于围海造田。

日本的国土面积很小，为了扩大国土和耕地面积，近几十年来不断地围海造田。

地壳的变动和海平面的升降是海陆变迁的自然原因，也是最主要的原因。人类活动是人为原因，也是次要原因。

你还知道哪些海陆变迁的例证？可以查一查资料，与伙伴们分享一下。

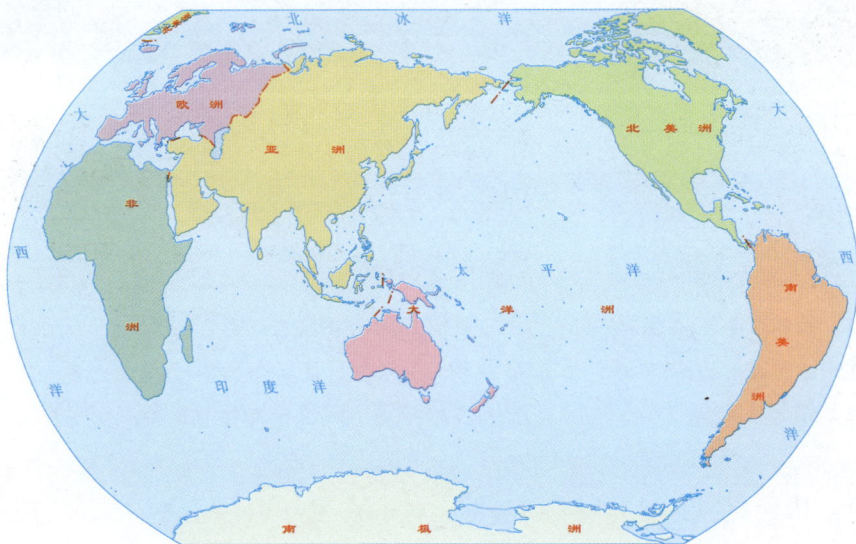

观察世界地图，你发现大西洋两岸的奇妙现象了吗？是的，非洲西岸和南美洲东岸的轮廓线十分相似，特别是南美洲凸出的部分与非洲凹进去的部分几乎是吻合的。

如果把这两块大陆从地图上剪下来，它们就可以拼合成一个整体。

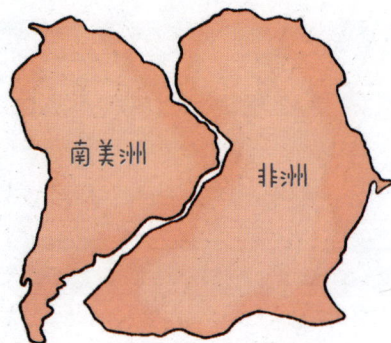

这难道仅仅是巧合吗？它们原来会不会是同一块大陆，后来因为受到某种力的作用才破裂分离的呢？1910 年，德国气象学家魏格纳也发出了同样的疑问，并提出了大陆漂移说。

大约 2 亿年以前，地球上各大洲是相互连接的一块大陆，它的周围是一片汪洋。

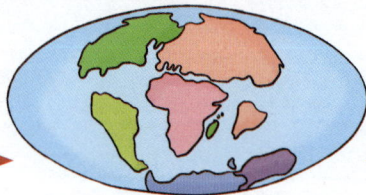

到了距今 6800 万年前，原始大陆分裂成几块大陆，缓慢地漂移分离。

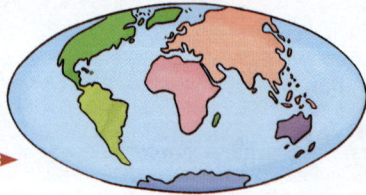

逐渐形成了今天的七大洲、四大洋的分布状况。

根据大陆漂移说，大西洋开始仅仅是古非洲大陆和美洲大陆之间的一条裂隙，随着大陆漂移，逐渐加宽，直到形成今天的世界第二大洋。现在，这种假说已经被越来越多的人接受，并找到了更多的证据。

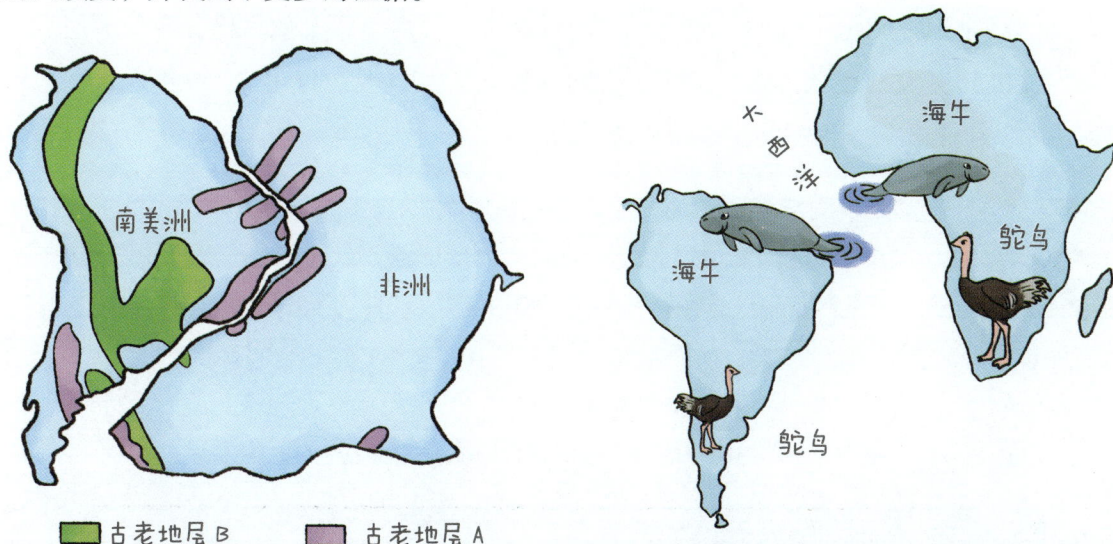

■ 古老地层B　■ 古老地层A

非洲西岸和南美洲东岸的古老底层能够一一对应，连在一起。

海牛生活在热带海洋里，鸵鸟不会飞，但它们同时出现在了非洲西岸和南美洲东岸，而且是同纬度地带。

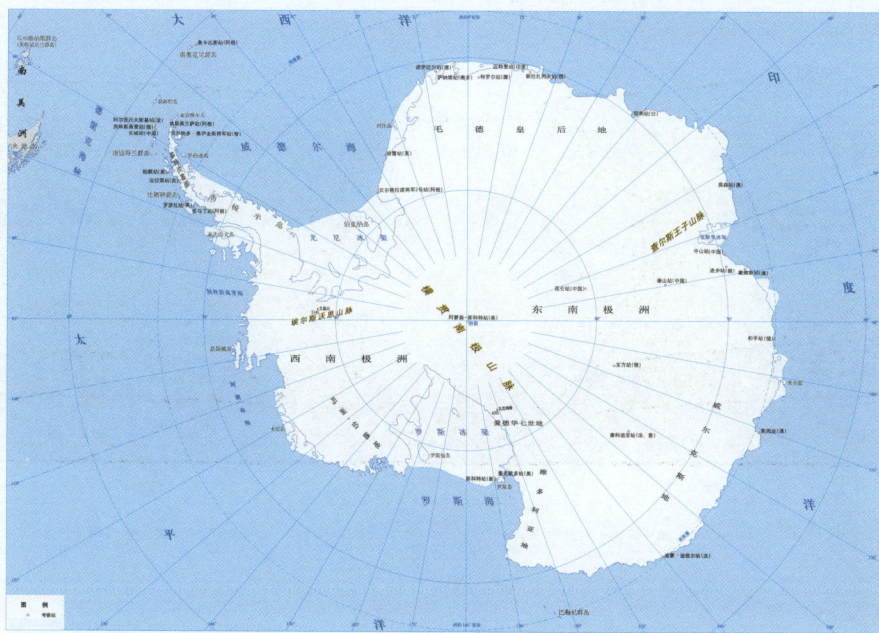

酷寒的南极大陆根本不适宜植物生长，却发现了煤炭资源。要知道，煤炭是森林埋在地层中，经过漫长的时间才形成的。这就说明南极大陆是从中低纬度地区漂移到这里的，在没有到达南极之前，陆地上就已经有了丰富的煤炭资源。

海陆分布不是固定不变的，七大洲和四大洋也不是自古以来就这样分布的，而且至今仍处在极其缓慢的变化之中。那么，大陆为什么会漂移呢？ 20 世纪 60 年代，在大陆漂移说的基础上，科学家提出了板块构造学说。

板块构造学说认为，由岩石组成的地球表层并不是一块整体，而是由板块拼合而成的。全球大致划分为六大板块：亚欧板块、非洲板块、印度洋板块、美洲板块、太平洋板块、南极洲板块，且这些板块在不断地运动着。

板块的运动方向不同，产生的地理现象也不同。

1. 板块张裂运动：边界不断生长，使地表发生断裂，形成裂谷或海洋。

板块 A ← → 板块 B

【小知识】

大西洋是由于美洲板块与亚欧板块、非洲板块张裂造成的，而且面积还在持续扩大。

红海持续扩大就是由于非洲板块和亚欧板块张裂运动导致的，最终会形成新海洋。

东非大裂谷是非洲板块和印度洋板块的张裂处。

2. 板块挤压运动：边界逐渐消失，使地表隆起抬升，形成高山、岛弧或海沟。

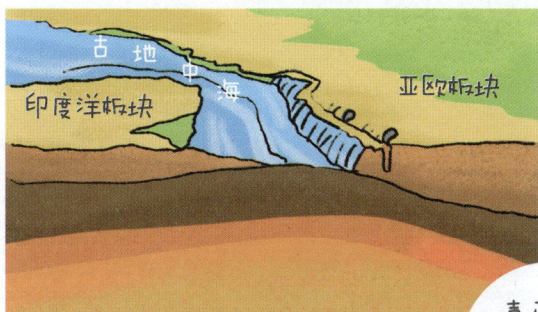

A. 印度洋板块与亚欧板块靠近，使古地中海不断缩小。

喜马拉雅山脉形成示意图

B. 两大板块继续靠近，相互挤压的力量使地面逐渐隆起。

D. 印度洋板块挤入亚欧板块下方，将亚欧板块抬高，形成喜马拉雅山脉和青藏高原。

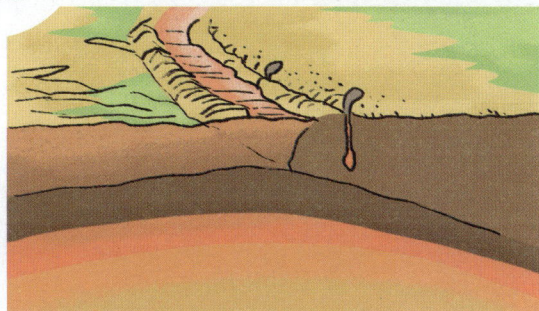

C. 两大板块相互挤压结合在一起，古地中海消失。

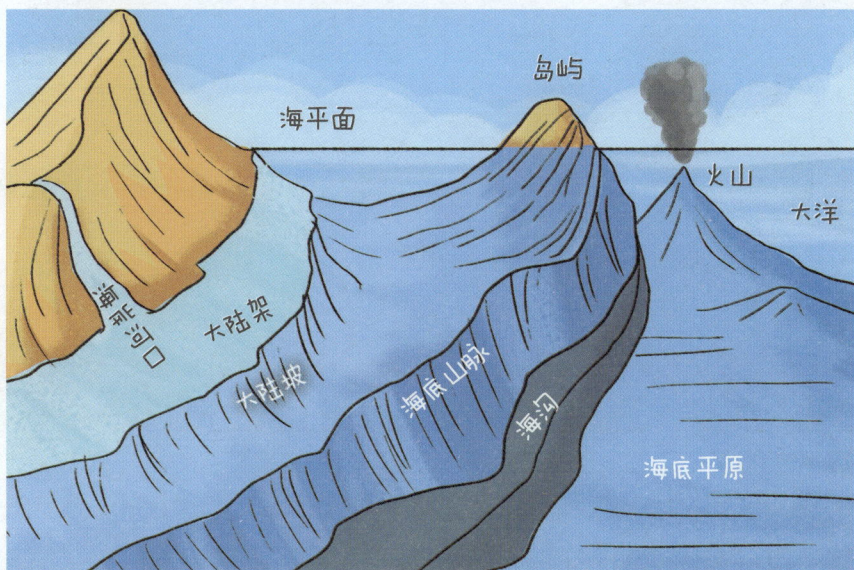

大洋板块和大陆板块相互碰撞挤压，大陆板块被抬升，大洋板块俯冲的这一边却形成了很多的海沟和岛弧（即大陆边缘连绵呈弧状的一长串岛屿）。

珠穆朗玛峰是喜马拉雅山脉中的主峰，2020年测量的高度为8848.86米，比2005年官方公布的高度多了4.43米。想一想，珠穆朗玛峰为什么还在不断长高？

06

岩层断裂，地震发生了

交界处的板块一直在缓慢移动，相互摩擦、挤压、碰撞，当达到岩石的承受极限时，就会突然发生断裂、错动，并在这一瞬间释放出巨大的能量，于是，地震发生了。

被埋后要保存体力，用砖头敲击管道发出求救信号。

在家里：切忌乘电梯或跳楼，应躲在墙角、坚固的桌下或卫生间等小开间处。

在公共场所：躲在墙角或桌、椅等坚固物品下面，待地震过去再有序撤离。

撤离时保护好头部。

在室外：不要乱跑，双手护头蹲在空旷、开阔的地方，切忌在树下或电线杆下躲藏。

断层：地层断裂带越长，影响面积越大，破坏性越强。

震源深度：震源到地面的垂直距离。

震源：地震震动的发源处。

乘坐交通工具：躲在座位旁，抓牢扶手或座椅等固定物体，护好头部。

震中：地面上与震源正对着的地方。

地震波：是震源释放的能量波，地面各种破坏现象都是地震波的冲击造成的。

【小知识】

主震：在一个地震序列中最大的一次地震。

余震：主震后发生的地震。

里氏震级：表示地震力量的大小，地震释放出的能量越大，震级就越大。

烈度：指地震时地面受到的影响和破坏程度，震级越大，烈度越大。

07

能量爆表，火山喷发

板块与板块交界的地带，也是火山喷发的高发区。下面就来看一看，火山喷发是怎么发生的？

岩石受压破裂，气体迅速释放，导致剧烈喷发。

火山喷发的气体中含有大量的二氧化硫，会形成酸雨。

涌出地表的岩浆温度非常高，会引发山火，摧毁大片土地。

岩浆在岩石圈下面形成一个相对封闭的岩浆区，岩浆中的放射性元素释放能量，给岩浆持续加热。

岩石被推入地幔软流层的岩浆中，逐渐被熔化，在地球内部极大的压力下，岩浆逐渐向上侵蚀熔化岩石，并释放大量气体。

火山灰会遮蔽太阳，导致气温下降。

喷气孔：喷发的火山气体和蒸汽，可导致动物窒息死亡。

炽热的岩浆继续上侵，当蒸汽穿过岩石时，喷发点就会积聚压力。

火山喷出物常堆积成锥形的山丘，形成火山锥。

如果发生在海上，反复喷发，就会形成火山岛。大量的火山岛相连会形成岛弧或群岛。夏威夷群岛和冰岛都是这样形成的。

两大板块相撞，其中一块被挤到另一块下面。

08

还有谁在改变地球地貌

板块移动、火山、地震等都是来自地球内部的力量，使地球表面变得高低不平。与它们相比，地球表面的一些力量就要温柔多了，需要的时间也比较长，就像"水滴石穿"。

风化： 指地球表面坚硬的岩石在太阳辐射、水、气体和生物等的影响下发生的破坏作用。

坚硬的花岗岩不怕风沙。

但随着时间推移，岩石渐渐裂开了缝隙。

最终被风化成一块块碎石。

岩石外表被风化作用打磨光滑了。

侵蚀： 指风力、流水、冰川、波浪等外力在运动状态下改变地面岩石及其风化物的过程。

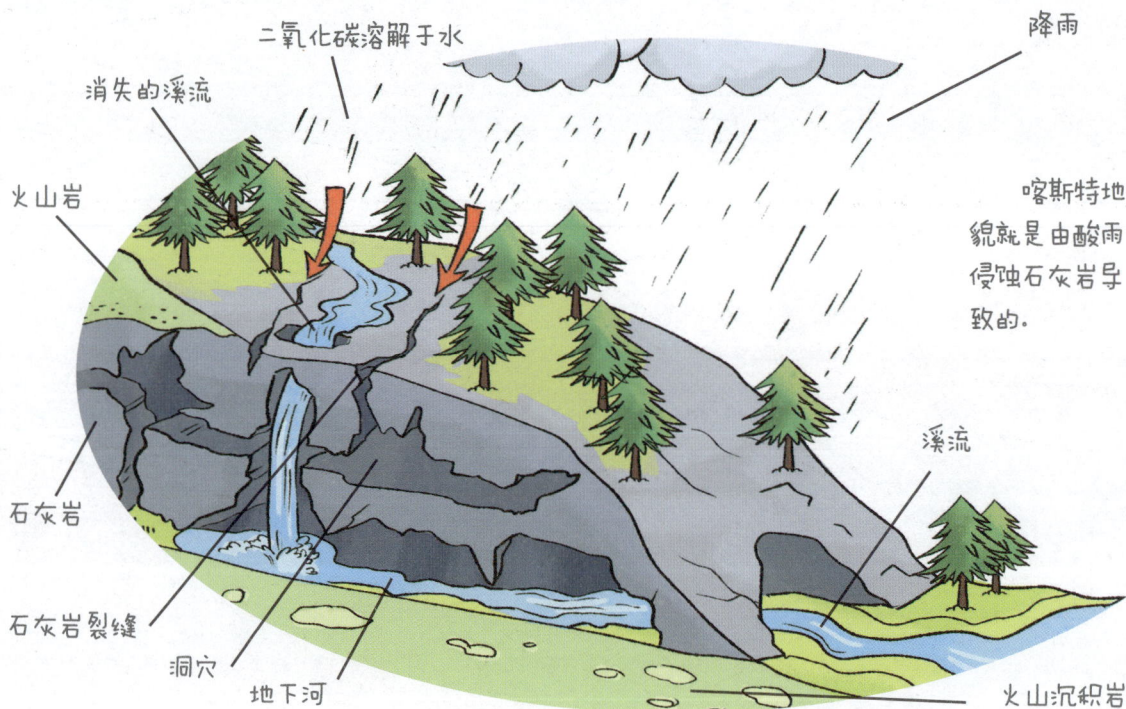

二氧化碳溶解于水

降雨

消失的溪流

火山岩

喀斯特地貌就是由酸雨侵蚀石灰岩导致的。

溪流

石灰岩

石灰岩裂缝

洞穴

地下河

火山沉积岩

沉积：水流挟带着泥沙冲到下游，当流速降低时，泥沙就会沉积下来形成平原。

河口三角洲都是沉积作用的结果。

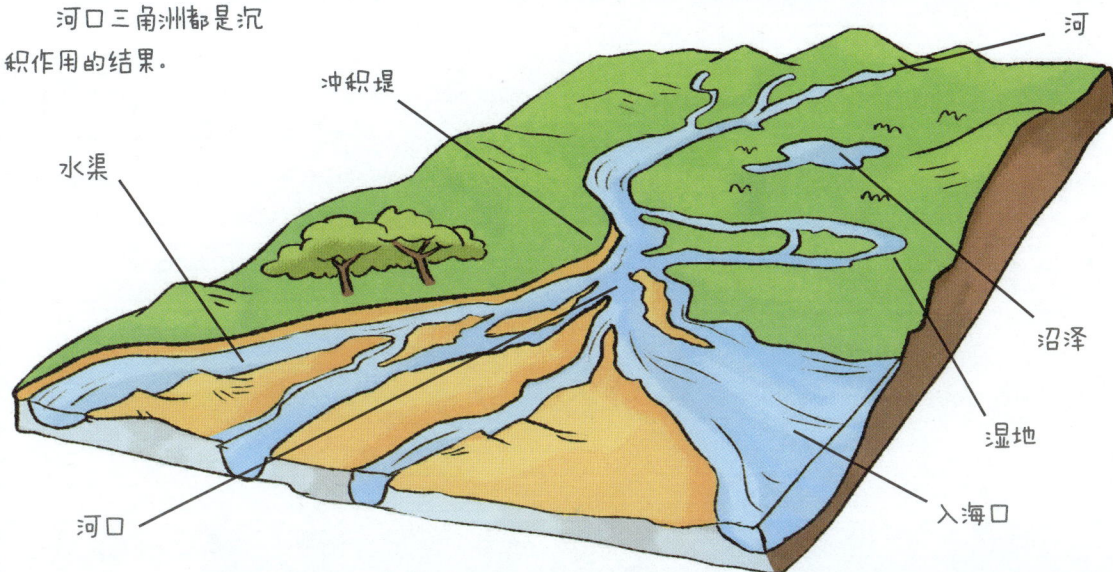

冲积堤

河

水渠

沼泽

湿地

河口

入海口

搬运：岩石受风化侵蚀的产物被流水、冰川、风力、波浪转移到其他地方的作用。

冰川下面的石海就是由运动着的冰川慢慢搬运而来的。

拟定路线图，开始世界之旅

北

大

西

洋

印　度　洋

知道了七大洲和四大洋的位置，了解了地形地貌形成的原因，大家想不想到世界各地去看一看？现在，就让我们从亚洲出发，开始世界之旅。请你在领略世界各地风采的同时，在下面的世界地图上画出游览路线吧！

洋

大

太 平 洋

西

洋

我们生活的大洲——亚洲

先从我们生活的大洲——亚洲开始。亚洲大部分位于东半球和北半球，占据了亚欧大陆的大部及周边岛屿，是世界面积最大、人口最多、跨经纬度最广的大洲。为了便于认识它，人们按照地理方位，把亚洲分为了6个地区，每个地区都各具特色。

中亚：包括土库曼斯坦、乌兹别克斯坦、吉尔吉斯斯坦、塔吉克斯坦、哈萨克斯坦。地形以丘陵、平原为主，东南高西北低；属于温带沙漠、草原大陆性气候，雨水稀少，极其干燥，日温差大；人口密度小且分布不均，各国都有自己的主体民族，多信仰伊斯兰教，建筑都带有浓郁的宗教特色。

西亚：包括土耳其、以色列、伊朗、伊拉克、塞浦路斯、叙利亚、黎巴嫩、巴勒斯坦、约旦、科威特、沙特阿拉伯、也门、阿曼、阿拉伯联合酋长国、卡塔尔、巴林、格鲁吉亚、阿富汗、亚美尼亚和阿塞拜疆。属于热带沙漠气候，全年高温少雨；是伊斯兰教、基督教和犹太教的发源地；主要居民为阿拉伯人，信仰伊斯兰教，住帐篷或墙壁厚、窗户小的泥土房；喜欢穿宽大的白色袍子，很多人过着游牧生活。

南亚：包括印度、马尔代夫、不丹、斯里兰卡、巴基斯坦、孟加拉国、尼泊尔。种族众多，是世界古文明发源地之一，也是佛教、印度教的发源地；地势低平，属于热带季风气候，河网密布，比如，生活在恒河三角洲的孟加拉人，以捕鱼为生，出门乘船。

北亚：指俄罗斯的亚洲部分（西伯利亚），纬度高，冬季漫长而寒冷；地广人稀，主要居民是雅库特人，大多信仰萨满教，住木屋，穿毛皮，坐狗拉雪橇。

　　东亚：包括中国、日本、韩国、朝鲜和蒙古国，是世界文明的发源地之一；地势起伏大，西高东低，典型的季风气候；以黄种人为主，是世界上人口稠密的地区之一，各国人的生活特色各不相同，比如，日本多地震，其房屋多以轻薄材料建造，且有很多防震设计。

　　东南亚：包括新加坡、马来西亚、印度尼西亚、泰国、越南、老挝、菲律宾、柬埔寨、缅甸、文莱、东帝汶等国家和地区，民族、宗教众多，以黄色人种为主；大部分位于热带，全年高温多雨，所以当地人通常住的是高架屋，以避免潮湿和蛇虫袭扰。

11

南亚大国——印度

所属洲：亚洲

首都：新德里

官方语言：印地语

货币：印度卢比

主要民族：印度斯坦族

国花：荷花

中国位于亚洲的东部，周围的邻居可不少，先来认识一下西南面的邻居——印度。印度位于亚洲的南部，是南亚面积最大的国家，也是亚洲耕地面积最大的国家。

印度北部的恒河是印度最重要的河流，流经恒河平原，注入孟加拉湾。恒河平原及沿海地区受热带季风气候影响，降水多，适宜种植水稻和黄麻。

印度南部的德干高原，其西北部地区地势和缓，降水少，适宜种植小麦和棉花。

【小知识】为什么南亚又称"南亚次大陆"

喜马拉雅山脉是世界上最高大的山脉，它将南亚与亚洲其他地区隔开，使南亚形成了一个相对独立的地理单元，由于它的面积小于大陆，所以被称为"南亚次大陆"，其中，印度和巴基斯坦是南亚次大陆的主要大国。

用手抓饭是印度人的就餐习俗，他们认为食物是神赐予人类的礼物，用手吃饭是对神的尊重，而且一定要用右手。在印度人看来，右手是洁净的，而左手是专门用来处理不洁之物的。

印度的人口数增长很快，给印度的资源、环境及经济发展造成了很大的压力。

环境污染

不过，印度人口众多也有一定的优势，劳动力资源丰富，价格低廉，再加上英语普及水平高、信息技术发展较早，因此，吸引了很多欧美跨国公司的外包业务，其中软件外包业务约占全球软件外包市场的2/3，印度因此被形象地称为"世界办公室"。

【小知识】 欧美国家专注于计算机核心技术研发，将相对低端的业务外包给其他国家，简称"软件外包"。

33

12

"十字路口"——东南亚

印度的东南面就是东南亚了，它包括中南半岛和马来群岛两大部分。这里的地理位置非常重要，正处于亚洲与澳大利亚两大陆、太平洋与印度洋之间的"十字路口"。而马六甲海峡正处于这个十字路口的"咽喉"部位。

马六甲海峡是位于马来半岛与印度尼西亚的苏门答腊岛之间的漫长海峡，由新加坡、马来西亚和印度尼西亚三国共同管辖。它沟通了太平洋和印度洋，全长约1080千米，可以通过载重25万吨的巨轮，是欧洲、非洲与东南亚、东亚各港口最短航线的必经之地，有"海上生命线"之称。

东南亚位于赤道附近，气候湿热，雨量充沛，最适宜水稻的生长，所以水稻也是东南亚地区主要的粮食作物，其中泰国、缅甸、越南是世界重要的稻米出口国。

这种湿热的气候条件，也使东南亚成为热带经济作物的重要产地。比如泰国是世界上最大的天然橡胶生产国。

印度尼西亚是世界最大的椰子生产国。

马来西亚是世界最大的棕榈油生产国。

菲律宾是世界最大的蕉麻生产国和椰子出口国。

马来群岛的地形以山地为主，其中印度尼西亚正位于亚欧板块、太平洋板块、印度板块的交界地带，所以地壳活跃，多火山、地震，有"火山国"之称。

中南半岛的地势是北高南低，所以山脉、大河大多由北向南延伸，山河相间，纵列分布。河流沿岸及河口三角洲地区地势平坦，土壤肥沃，交通便利，所以农业发达，人口稠密，曼谷、仰光、万象、金边等大城市也分布在这里。

【小知识】
东南亚是海外华人和华侨集中的地区，他们的祖先大多来自我国广东、福建等省。他们对东南亚的经济建设作出了重大贡献，同时也把中国的传统文化带到了所在国，使东南亚文化更加多姿多彩。

所属洲：亚洲

首都：东京

官方语言：日语

货币：日元

主要民族：大和民族

国花：樱花

从东南亚向北，穿过北太平洋，就到了东亚地区，这里的日本是我们一衣带水的邻邦，由北海道岛、本州岛、四国岛、九州岛四个大岛及其附近的一些小岛组成。陆地面积37.8万平方千米，首都是东京。

日本地形以山地、丘陵为主，且山势陡峭，其中富士山是日本最高的山峰，也是一座活火山。

作为一个岛国，日本地处亚欧板块和太平洋板块交界处，地壳比较活跃，因此火山很多（有200多座），地震频发。

日本平原面积狭小，且多分布在沿海地区，其中关东平原是日本最大的平原。

日本国土南北狭长，海岸线曲折，有很多优良的天然港湾，大型港口和工业区多分布在东京湾地区。

日本属于亚热带、温带季风气候，降水量大，河流短小、湍急，湖泊和温泉众多，森林资源覆盖率达70%。

日本北部的北海道地区冬季漫长多雪。

日本中部的本州岛、四国岛、九州岛等气候温和，四季分明，冬无严寒，夏无酷热。

南部的琉球群岛在盛夏高温多雨，夏秋季节多台风。

不过，别看日本国土面积小，它可是亚洲的四个发达国家之一，是世界上的经济强国。

农业： 日本耕地少，地块小，但农业生产水平很高，多采用小型农业机械作业，单位面积的产量很高。

渔业： 日本海洋捕捞总量居世界前列。北海道渔场是日本最大的渔场，鱼类资源丰富。

工业： 日本工业科技发达，技术领先，但受地域限制，工业原料大部分依赖进口，加工制成工业品后再出口。

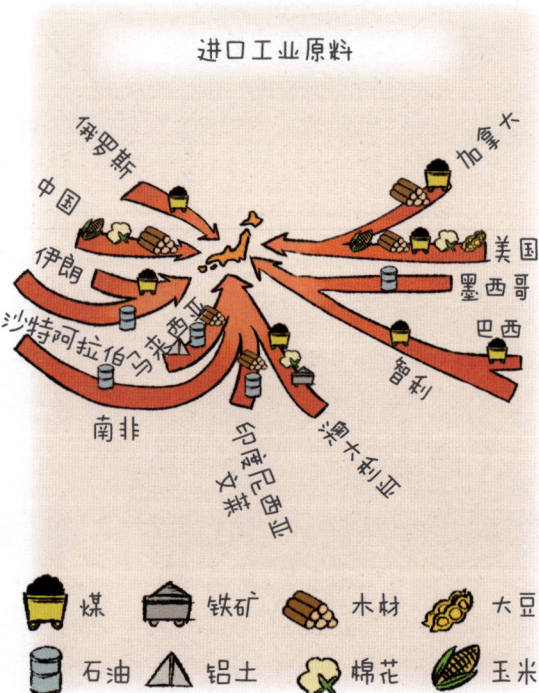

进口工业原料

俄罗斯
中国
伊朗
沙特阿拉伯
南非
印度尼西亚文莱
马来西亚
加拿大
美国
墨西哥
巴西
智利
澳大利亚

煤　铁矿　木材　大豆
石油　铝土　棉花　玉米

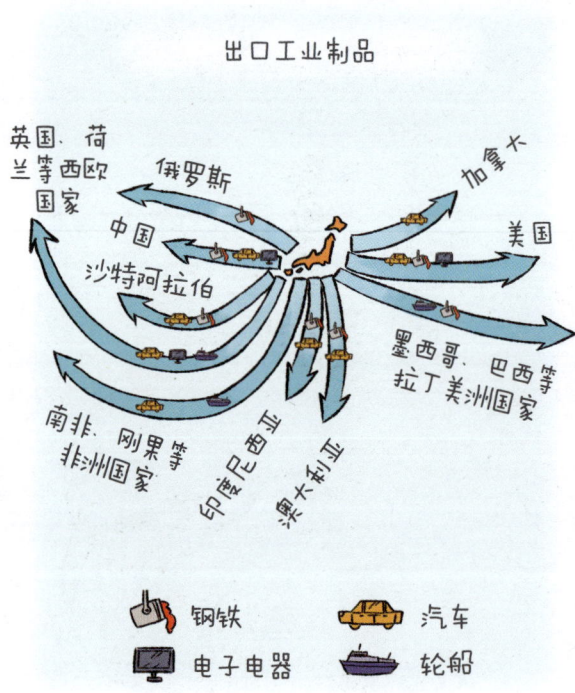

出口工业制品

英国、荷兰等西欧国家
俄罗斯
中国
沙特阿拉伯
南非、刚果等非洲国家
印度尼西亚
澳大利亚
加拿大
美国
墨西哥、巴西等拉丁美洲国家

钢铁　汽车
电子电器　轮船

日本文化是东西方文化兼容的典型，既有浓厚的本民族的传统色彩，又有强烈的西方气息，而且在日本人的日常生活中，这种东西方文化并存的现象随处可见。

大和民族是日本的主要民族，和服是他们的传统服装。

在上班时或重要场合，一般都穿西装。

和食即日本料理，是独具日本特色的菜肴。

日本人也吃西式快餐。

日本的传统建筑

日本的西式住宅

日本是一个典型的岛国，海洋对日本的重要性不言而喻。然而，2023年8月24日，日本不顾国际社会反对，将福岛核电站的核污染水排入大海，3个月就排放超过2万吨。日本计划排放30年，而核污染水中的辐射物将在数千年内持续对全球动植物和人类的基因造成损害。

横跨亚欧大陆——俄罗斯

从日本再向北，就到达了世界上面积最大的国家——俄罗斯，它横跨亚欧大陆北部，面积超过1700万平方千米，地势东高西低，南高北低。因为俄罗斯的政治、经济、文化中心都位于欧洲东部，所以它属于欧洲国家。

所属洲：欧洲	官方语言：俄语	主要民族：俄罗斯人
首都：莫斯科	货币：卢布	

俄罗斯地大物博，自然资源种类齐全，储量丰富，是世界上少数几个资源基本自给的大国之一。

水力发电资源蕴藏量居世界前列。

石油、天然气、铁等矿产资源储量极其丰富，仅次于沙特阿拉伯，被称为"世界加油站"。

森林覆盖面积占国土面积约50%。

丰富的自然资源为俄罗斯的工业发展奠定了良好的物质基础，能源、钢铁、机械、化工等重工业非常发达，其中核工业和航空航天工业在世界上占有重要地位。

俄罗斯的军事工业非常强大，军事力量居世界第二。

俄罗斯的航天技术领先世界，在1961年就已经实现了人类历史上的首次载人航天。

但是，与人们密切相关的消费品制造业，俄罗斯的发展却相对落后，服装、农产品、小家电等，都需要进口。

中国消费品制造业发达，商品物美价廉，在俄罗斯市场上很受青睐。

为了支持工业发展，俄罗斯的交通非常发达，有铁路、公路、航空、内河与海洋航运、管道运输等多种运输方式。其中，西伯利亚大铁路是世界上最长的铁路，从莫斯科到符拉迪沃斯托克，全长9288千米，横跨亚欧大陆，被称为"亚欧大陆桥"。

从俄罗斯所在的欧洲东部一路向西，到达大西洋附近就是欧洲西部了。这里大部分为发达国家，居民以白种人为主，人口稠密。面积约 500 万平方千米，占欧洲总面积的一半左右。

【小知识】

英国首都：伦敦　　　　　意大利首都：罗马

法国首都：巴黎　　　　　西班牙首都：马德里

德国首都：柏林　　　　　瑞典首都：斯德哥尔摩

瑞士首都：伯尔尼　　　　希腊首都：雅典

欧洲西部是工业革命的发源地，工业城市多，是世界上著名的工业密集地带，许多工业产品享誉全球。

法国香水

意大利皮具

瑞士手表

德国汽车

丹麦乳制品

与工业相比，欧洲西部的农业所占的比例小，且大多以畜牧业为主，所以欧洲人餐桌上的主要食物就是牛羊肉和乳制品。

那为什么畜牧业发达呢？这是由欧洲西部的自然条件决定的。这里地形以平原为主，气候受大西洋影响，是世界上温带海洋性气候分布最广的地区。

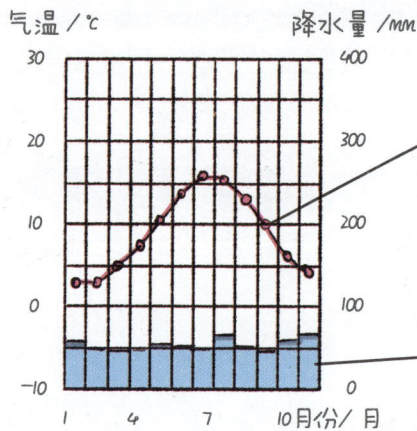

气温/℃　　　降水量/mm

全年气温在0~20℃之间，冬无严寒，夏无酷暑。

一年降水量分布均匀，全年温和湿润。

这种气候有利于多汁牧草的生长，大部分草场可常年放牧，最适合发展畜牧业。在欧洲西部，人们称牧草为"绿色金子"。

当地农民不仅饲养牛、羊等牲畜，同时种植谷类作物及牧草，生产牛羊肉、鲜奶及乳制品、羊毛等。

这里劳动力短缺，所以农业生产高度机械化、自动化，从牧草及饲料作物的耕种到挤奶工作，都采用现代化机械操作。

每个牧场有一个专门的挤奶棚，每天自动运作，将挤出的鲜奶冷藏储存，然后由运奶车运往附近的加工厂，加工成各种乳制品。

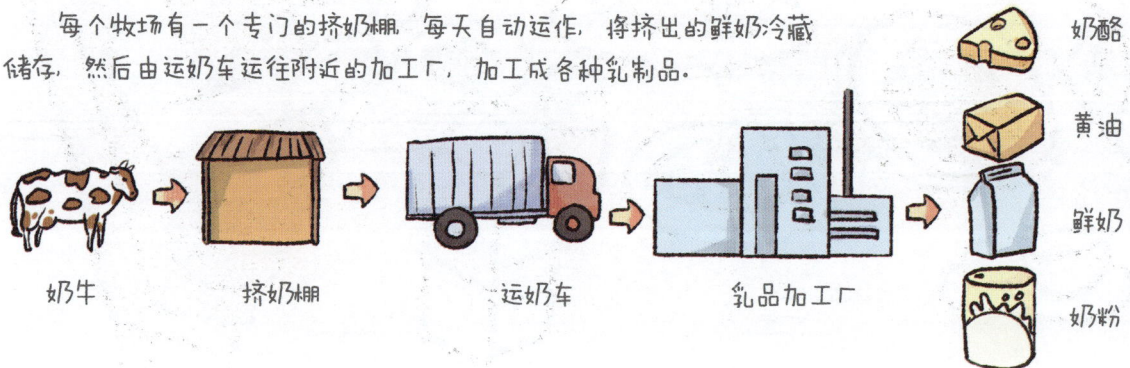

奶牛　➡　挤奶棚　➡　运奶车　➡　乳品加工厂　➡　奶酪　黄油　鲜奶　奶粉

复杂的自然条件和气候类型，造就了丰富多彩的自然景观。

欧洲西部各国历史文化特色鲜明，世界遗产地约占全球的 40%。

挪威峡湾风光

希腊帕特农神庙

瑞士阿尔卑斯山

意大利斗兽场

多瑙河

德国科隆大教堂

欧洲西部的博物馆、艺术馆、音乐厅等在世界上享有盛誉。

法国巴黎卢浮宫博物馆

奥地利维也纳金色大厅

各种各样的旅游景观、发达的配套设施，使欧洲西部成为世界上旅游产业发达的地区之一。

富饶大陆——撒哈拉以南非洲

埃及的南部就是世界上最大的沙漠——撒哈拉沙漠，穿越沙漠，就来到了有"富饶大陆"之称的撒哈拉以南非洲，这片大陆主要分布在南、北回归线之间，赤道穿过中部，面积占非洲面积的4/5，有将近50个国家。

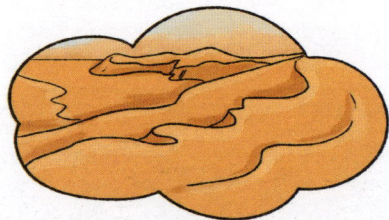

撒哈拉沙漠：世界最大的荒漠，面积约860万平方千米，位于非洲北部，气候非常恶劣，是地球上不适合生物生长的地方之一。

尼日尔河：全长约4200千米，非洲第三大河，流经多个国家，因此也被称为西非的"母亲河"，注入几内亚湾。

刚果盆地：世界最大的盆地，覆盖着面积广大的热带雨林。

维多利亚湖：非洲最大的湖泊，世界第二大淡水湖。

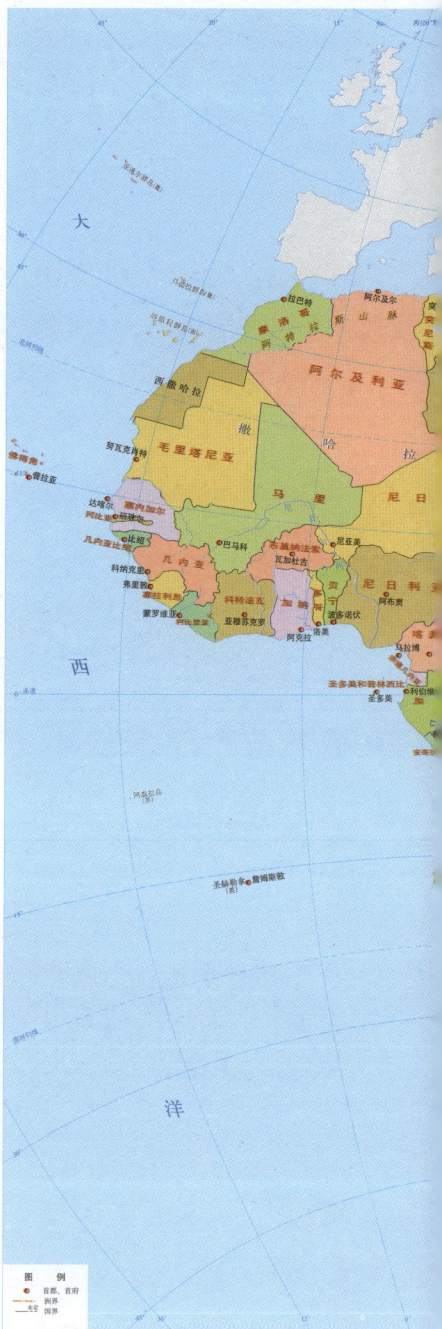

尼罗河：全长6671千米，是世界上最长的河流，自南向北注入地中海。

东非高原：非洲湖泊最集中的地区，素有"湖泊高原"之称。

东非大裂谷：世界陆地上最长的断裂带，全长约6400千米，从卫星照片上看去犹如一道巨大的伤疤。

刚果河：非洲第二长河，全长约4640千米，水力蕴藏量丰富，热带雨林面积广大。

乞力马扎罗山：非洲第一高山，也是死火山和雪山。

好望角：意为"美好希望的海角"，是非洲西南端的著名岬角，多暴风雨，海浪汹涌，是世界上危险的航海地段之一。

撒哈拉以南非洲绝大部分位于热带，是黑种人的故乡，黑种人数量占全球总人口的90%以上。他们大多能歌善舞，尤其擅长击鼓。

非洲气候炎热，当地居民就地取材，用树枝、木棍构建房子，房顶铺茅草，建成茅草房。这样的房子墙体薄，透气性好，房顶阴凉通风。

这里有丰富的资源，咖啡豆、椰枣、油棕和香蕉的产量丰富。

咖啡豆

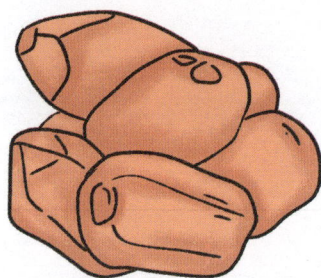
椰枣

香蕉

油棕

这里是矿产资源的宝库，金刚石（钻石）和黄金的产量均居世界前列。石油、铀、铜、铁等资源的储量也很大。

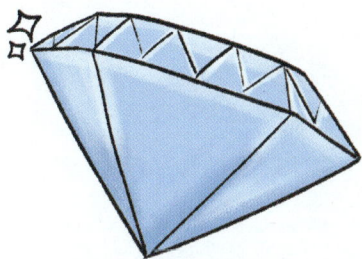

金刚石

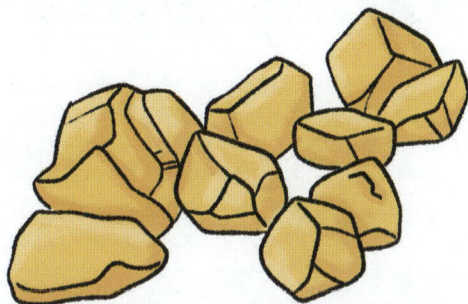

黄金

这里野生动物数量和种类非常多，热带草原气候一年分干湿两季，因此每年这里都会有动物大迁徙。旅途中食草动物要不断面对着狮子、豹等食肉动物的无数次狩猎。可以说，每年的东非动物大迁徙都是食草动物的逃亡之旅、食肉动物的狂欢节。

不过，受热带草原气候影响，这里经常发生旱灾，导致粮食减产，无法满足快速增长的人口数量带来的粮食需求，许多居民经常要忍受饥饿，尚没有摆脱贫困。

17

独占整个大陆——澳大利亚

所属洲：大洋洲

首都：堪培拉

官方语言：英语

货币：澳元

主要民族：英裔澳大利亚人、亚裔澳大利亚人、
　　　　　澳洲原住民

国花：金合欢

　　看过好望角，顺着印度洋一路向东，就到了大洋洲，这里有一个独占整个大陆的国家——澳大利亚。澳大利亚位于南太平洋和印度洋之间，四面环海，是大洋洲面积最大、人口最多的国家。

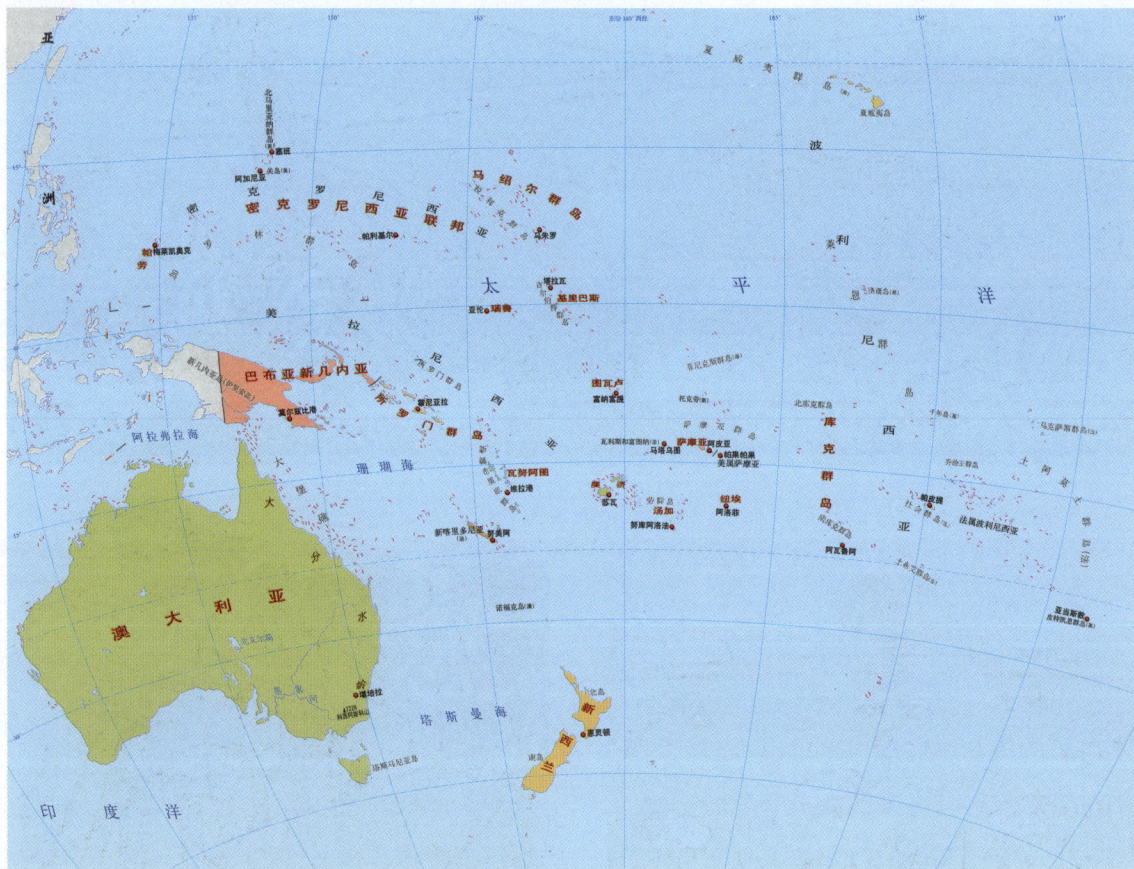

作为南半球经济最发达的国家，澳大利亚有三大外号：

世界活化石博物馆：澳大利亚有很多特有生物，是在地球演化过程中保留下来的古老生物种类，是人类研究地球演化历史的活化石。

袋鼠

树袋熊（考拉）

鸸鹋

金合欢

桉树

鸭嘴兽

琴鸟

骑在羊背上的国家：澳大利亚养羊业的产业化、机械化程度高，耗用劳动力少，是世界放养绵羊数量和出口羊毛最多的国家。

坐在矿车上的国家：澳大利亚矿产资源丰富，品种多，煤、铁、铝土等矿产储量居世界前列，矿产品出口量很大。

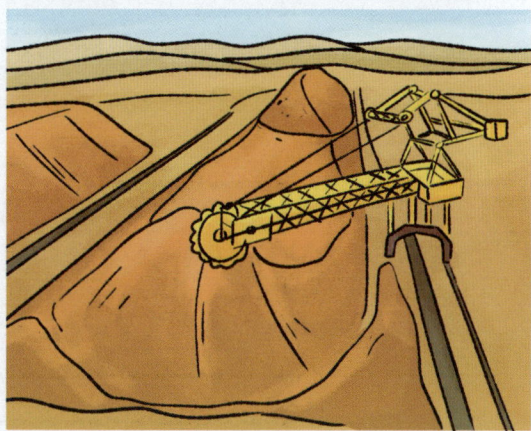

18

全球最冷地区——南极地区

从澳大利亚向南，进入南极圈（66°34′S），就到了地球的最南端——南极。南极地区包括南极洲及其周边的海域，是纬度最高（南纬90°S）和跨经度（全经度180°）最广的大洲。

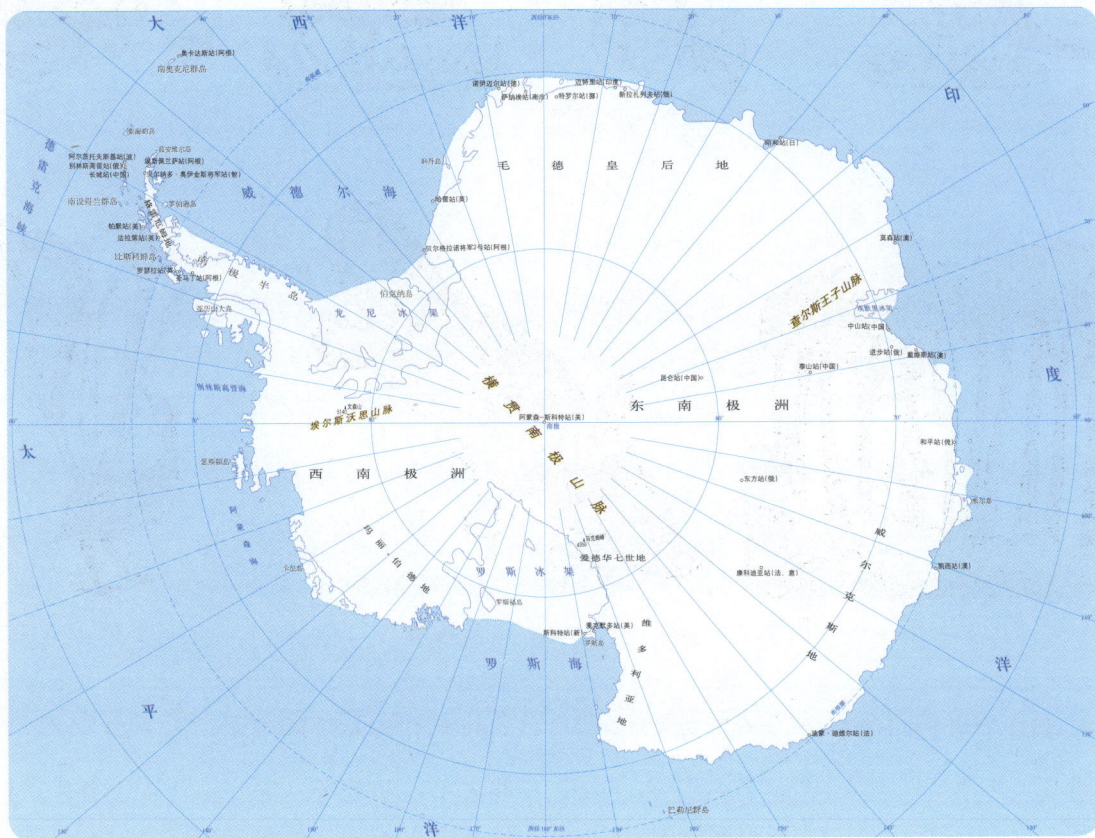

南极的气候非常恶劣，可以用三个词来形容：

酷寒。南极地区是地球上最冷的地区，年平均气温 –25℃，测得的最低气温为 –89.2℃。冰层平均厚度有 2 000 多米，素有"冰雪高原"之称。

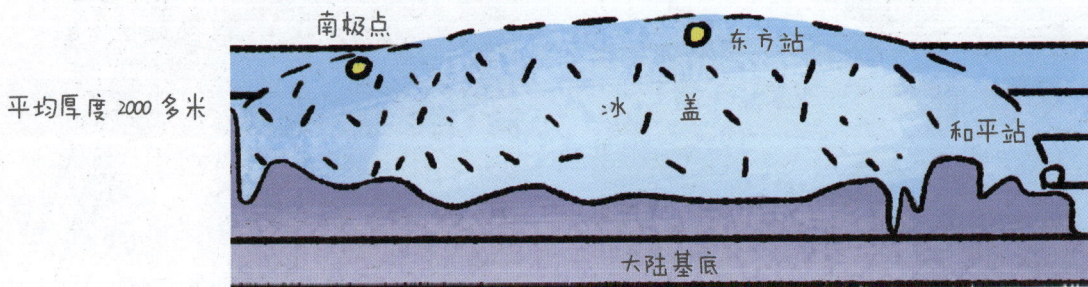

干燥。南极地区年平均降水量为 55 毫米，最少的地方不足 5 毫米，比撒哈拉沙漠还少，因此被称为"白色沙漠"。

烈风。南极地区年平均风速为 17~18 米／秒，最大风速可达 100 米／秒，是 12 级风的 3 倍，被称为地球上的"风库"。

如此恶劣的环境，根本不适宜人类生存，但这里却是自然资源的"大仓库"。地上储存着大量的固体淡水资源，地下埋藏着铁、煤、石油、天然气等多种资源，海域及沿岸栖息着无数的海洋生物。

海燕

企鹅

鲸

南极磷虾

海豹

南极地区的植物约有 800 种，主要是地衣、苔藓和淡水藻类，非常稀少。

不过，在人类活动的影响下，南极地区的环境也遭到了破坏。南极周围的鲸遭到乱捕滥杀，冰川开始大面积融化，臭氧层出现空洞等。为了守护地球上的最后一片净土，《南极条约》在 1959 年签订，中国于 1983 年正式加入。

19

南美洲的热带大国——巴西

所属洲：南美洲

首都：巴西利亚

官方语言：葡萄牙语

货币：巴西雷亚尔

主要民族：白人、穆拉托人、黑人、
　　　　　印第安人

国花：毛蟹爪莲

欣赏过南极风光，现在我们穿过德雷克海峡，来到南美洲，这里国家也不少，其中面积最大的国家是巴西。巴西，全称为巴西联邦共和国，总面积851.49万平方千米，居世界第五位，是一个热带大国。

巴西高原：约占国土面积的三分之二，是世界上面积最大的高原，地势平坦，四季如春，非常适合人类居住；属热带草原气候，终年高温，干季和湿季分明。

巴拉那河：南美洲第二大河，其流域是南美洲的经济中心，很多著名的城市和港口都分布在河两岸。

伊泰普水电站：位于巴拉那河上，由巴西和巴拉圭两国合建，为世界第三大水电站。

亚马孙河：世界上水量最大、流域面积最广的河流，其穿越的亚马孙平原是世界上面积最大的平原。

拉丁美洲是指美国以南所有美洲部分的统称，因为这里的居民所用的语言是拉丁语系的西班牙语和葡萄牙语，所以称为拉丁美洲。

内布利纳峰：巴西最高峰，海拔 3014 米。

圣弗朗西斯科河：全长 3161 千米，是巴西东北部水力发电和灌溉的重要源泉，也是连接巴西各地区的交通干线，因此被称为"民族团结之河"。

巴西利亚：巴西首都，政治和文化中心。

圣保罗：巴西最大的工业中心和金融中心，南美洲最大的城市。

里约热内卢：巴西第二大城市和最大的商港，是全国经济和交通中心。

巴西人口众多，最显著的人口特征就是混血种人数量多。来自不同地域的文化相互融合、发展，就形成了具有特色的巴西文化。

狂欢节起源于欧洲，传到巴西后，成为巴西的固定节日，每年2月下旬举行3天，人们载歌载舞，尽情狂欢，通宵达旦。

桑巴舞源于非洲土著的鼓乐和舞蹈，因葡萄牙统治者将非洲黑人奴隶带入巴西而传到巴西，如今成为巴西的象征。巴西也因此被称为"桑巴王国"。

英国是现代足球的发源地，足球传入巴西后，成为巴西人最喜欢的一项运动，不管是街头还是海滩，都能看到很多孩子在踢足球。

巴西90%以上的人口居住在东南地区。这里气候湿热，地形平坦，非常适宜种植热带经济作物。

咖啡豆

柑橘

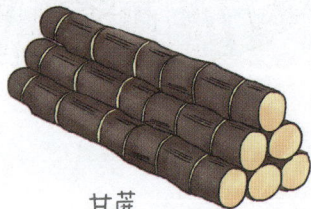

甘蔗

巴西铁矿石的储量、产量和出口量均居世界前列，钢铁、汽车、飞机制造业等也跻身于世界重要的生产国行列，是南美洲经济实力最强的国家。

巴西还拥有世界上面积最大的热带雨林，其通过光合作用产生的氧气，可占到地球氧气供给量的 20% 以上，因此，这里被称为"地球之肺"。

提供新鲜空气
氧气
调节全球气候
二氧化碳
维护生物多样性
保护土壤
涵养水源

巴西从 20 世纪 60 年代开始大规模开发亚马孙地区，使亚马孙热带雨林遭受了前所未有的破坏，面积不断缩小，水土流失、洪涝灾害、动物种类减少、气候变暖等问题日益加剧。为了保护这里，巴西政府采取了一系列措施。

建立各种形式的雨林保护区

利用卫星遥感系统实时监控，避免乱砍滥伐行为

所属洲：北美洲

首都：华盛顿

官方语言：英语

货币：美元

主要民族 欧洲裔、拉丁裔、

　　　　 非洲裔美国人

国花：玫瑰花

从巴西向北，穿过巴拿马运河，就进入了北美洲。世界经济最发达的国家——美国就在这里。美国是"美利坚合众国"的简称，在太平洋和大西洋之间，除本土外，还包括北美洲北部的阿拉斯加和太平洋中的夏威夷群岛，总面积930多万平方千米，居世界第四位。

密西西比河：全长 6262 千米，为美国最长河流，自北向南流，纵贯中央大平原，注入墨西哥湾。

五大湖：世界最大的淡水湖群，各湖有水道相通，并通过圣劳伦斯河流入大西洋。其中，苏必利尔湖是世界上面积最大的淡水湖。

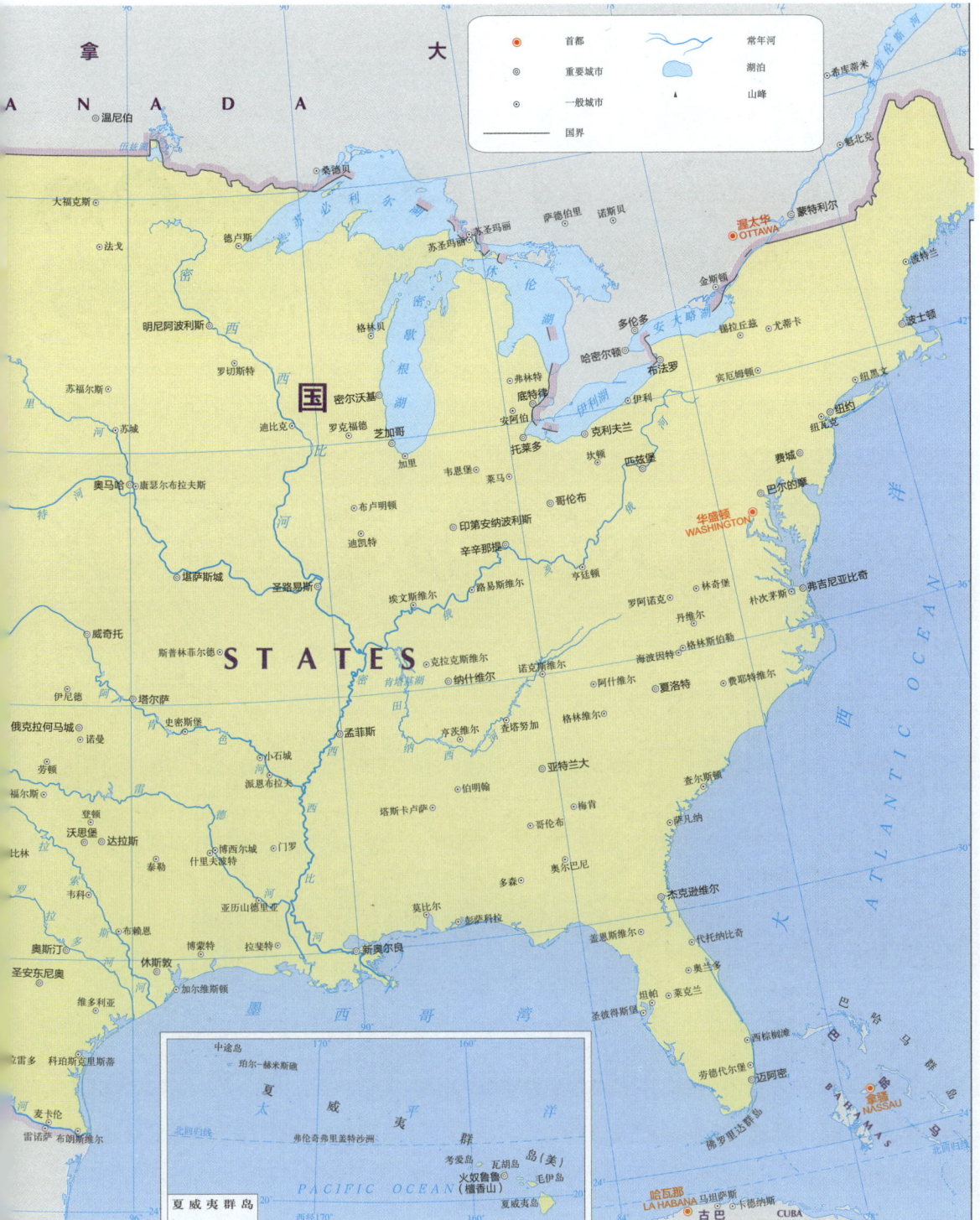

图例	
⊙ 首都	〰 常年河
◎ 重要城市	◯ 湖泊
○ 一般城市	▲ 山峰
—— 国界	

拿　大
CANADA

⊙温尼伯
桑德贝
大福克斯
法戈
德卢斯
苏圣玛丽
水圣玛丽
萨德伯里
诺斯贝
魁北克
蒙特利尔
渥太华 OTTAWA
金斯顿
明尼阿波利斯
罗切斯特
格林贝
苏福尔斯
苏城
迪比克
密尔沃基
罗克福德
芝加哥
多伦多
哈密尔顿
布法罗
辘拉丘兹
尤蒂卡
波士顿
普罗维登斯
奥马哈
康瑟尔布拉夫斯
加里
弗林特
底特律
安阿伯
克利夫兰
坎顿
匹兹堡
宾夕姆顿
纽约
纽黑文
布卢明顿
莱马
哥伦布
华盛顿 WASHINGTON
费城
巴尔的摩
堪萨斯城
圣路易斯
埃文斯维尔
路易斯维尔
亨廷顿
罗诺克
丹维尔
林奇堡
朴次茅斯
弗吉尼亚比奇
斯普林菲尔德
克拉克斯维尔
诺克斯维尔
海波因特
格林斯伯勒
费耶特维尔
伊尼德
史密斯堡
纳什维尔
阿什维尔
夏洛特
查尔斯顿
俄克拉何马城
诺曼
劳顿
福斯
登顿
沃思堡
达拉斯
比林
韦科
奥斯汀
圣安东尼奥
维多利亚
拉雷多
科珀斯克里斯蒂
麦卡伦
雷诺萨
布朗斯维尔
孟菲斯
小石城
派恩布拉夫
塔斯卡萨
门罗
什里夫波特
泰勒
博西尔城
亚历山德里亚
博蒙特
拉斐特
休斯敦
加尔维斯顿
新奥尔良
亨茨维尔
伯明翰
哥伦布
莫比尔
查塔努加
亚特兰大
梅肯
萨凡纳
格林维尔
多森
奥尔巴尼
杰克逊维尔
盖恩斯维尔
代托纳比奇
奥兰多
坦帕
圣彼得斯堡
劳德代尔堡
棕榈滩
迈阿密

STATES

ATLANTIC OCEAN

太 平 洋
PACIFIC OCEAN
中途岛
珀尔-赫米斯礁
弗伦奇弗里盖特沙洲
北回归线
考爱岛
无胡岛（美）
火奴鲁鲁（檀香山）
毛伊岛
夏威夷岛
夏威夷群岛

墨 西 哥 湾

巴哈马群岛
拿骚 NASSAU
BAHAMAS
北回归线

哈瓦那 LA HABANA
古巴
马坦萨斯
卡德纳斯
CUBA

59

美国是世界第三人口大国，但本土的原住民印第安人（属黄种人）数量很少，大部分人口都是在最近200多年的时间里，从其他大洲移民过来的。

美国是一个名副其实的民族大熔炉，各国人移民到了美国后，经过长时期的融合，在语言、文化和生活方式等方面逐渐一致，由此形成了一个新兴的统一民族——美利坚民族。

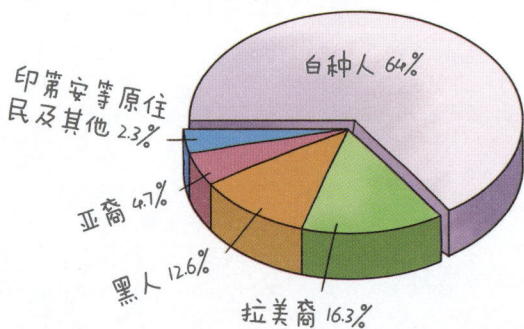

白种人 64%

印第安等原住民及其他 2.3%

亚裔 4.7%

黑人 12.6%

拉美裔 16.3%

中国也有大批华人移居美国，目前在美国的华人和华侨总数约有530万人，在旧金山、纽约和洛杉矶等城市还有华人聚居的"唐人街"，是富有中华文化特色的特殊街区。

旧金山唐人街是美国西岸最大规模的唐人街，也是亚洲之外最大的华人社区，约有10万名华人、华侨在此居住。

美国是现代化的世界农业强国，大豆、小麦、玉米等主要农产品的生产量和出口量居世界前列。这是因为美国耕地面积广大，因地制宜，形成了很多专业化的农业带，进行规模化种植。农业带生产规模大，便于进行机械化、现代化操作。

用无人机喷洒农药或化肥

多台大型联合收割机同时作业

收获的粮食立即送入烘干塔，全程机械化控制

机械化、现代化的农业生产模式节约了劳动力，降低了生产成本，效率高，产量大。同时，也便于推广先进的生物技术、耕作技术等，提高农产品质量。

同时，美国还是世界上最发达的工业国家，工业部门体系完整，形成了很多工业区，如西雅图是飞机制造中心，波音公司总部所在地；芝加哥是美国最大的铁路枢纽和钢铁基地；底特律是美国最大的汽车工业中心；旧金山是美国西部最大的港口，"硅谷"就在这里；洛杉矶是美国西部最大的城市，好莱坞和迪士尼乐园所在地；休斯敦是美国宇航中心和石油化工中心；纽约则是美国最大的城市，这里有美国最大的港口——纽约港，这里也是工商业中心。

现在回到 58 ～ 59 页，把这些工业中心在美国地图上圈出来吧！

【小知识】

硅谷位于旧金山东南，因大量生产电子工业的基本材料——硅片而得名，是美国兴起最早、规模最大的高新技术产业中心，甚至成为世界许多国家高科技密集区的代名词，比如，中国"硅谷"——深圳，印度"硅谷"——班加罗尔等。

浮冰覆盖的海洋——北极地区

穿过北美洲，进入北极圈（66°34′N），就到了地球最北端——北极地区，包括北冰洋大部分及其周边的亚、欧、北美三洲的部分地区，是世界上纬度最高（北纬90°N），跨经度最广（全经度180°）的大洋。

同南极一样，许多国家也对北极地区开展了科学考察，2004年，我国在挪威斯瓦尔巴群岛建立了北极科学考察站——黄河站。

北极地区虽然气温也很低，大部分地区终年冰封，但却不像南极那么酷寒，降水量比南极多，风速也远不及南极地区，北冰洋沿岸的年平均风速仅为10米/秒。所以，北极的生存环境比南极好得多，有人类定居。

因纽特人：黄种人，身材矮小粗壮，眼睛细长，鼻子宽大，以狩猎为生，吃生肉，住石屋、木屋和雪屋，房屋一半陷入地下，门道极低。

萨米人：皮肤棕黄，黑发浓密，长得很像亚洲人，主要从事游牧，养驯鹿，部分从事渔猎。

北极地区的自然资源也非常丰富：

1. 大量的淡水资源。

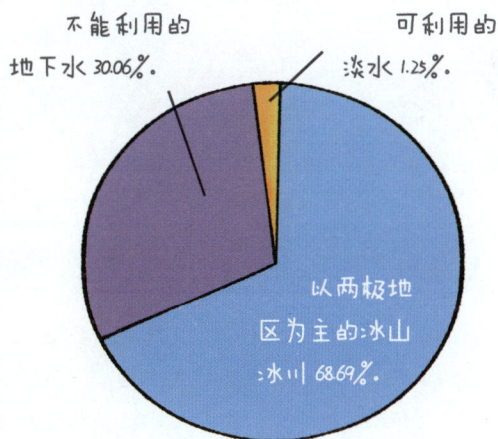

不能利用的地下水 30.06%.

可利用的淡水 1.25%.

以两极地区为主的冰山冰川 68.69%.

2. 丰富的矿产资源。

石油

天然气

煤炭

铜矿

铁矿

黄金

3. 北极地区的植物比南极地区的植物长得茂盛，种类更多，除了苔藓、地衣等，还有 100 多种开花植物。

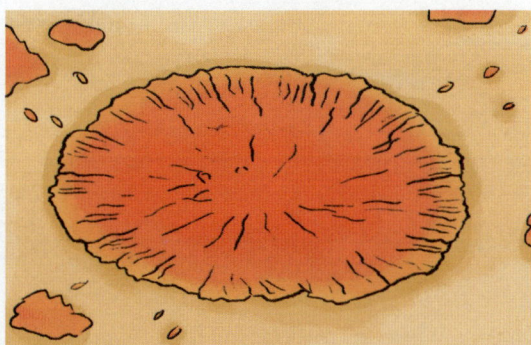

地衣

北极罂粟

4. 动物种类多，如北极熊、北极狐、北极狼、海象、驯鹿、麝牛、格陵兰鲸、鳕鱼等，最具代表性的当属北极熊了。

北极熊体长 3 米多，体重达 300 千克，毛皮防水，皮下脂肪很厚，所以十分耐寒。

当然，北极地区的环境也同样遭到了破坏，动物遭到滥杀；气温升高，最高气温甚至达到了 38℃，使冰川大面积融化；石油、天然气开采时发生泄漏，污染环境。于是，国际社会于 1991 年制定了《北极环境保护战略》，以避免北极地区环境的进一步恶化。

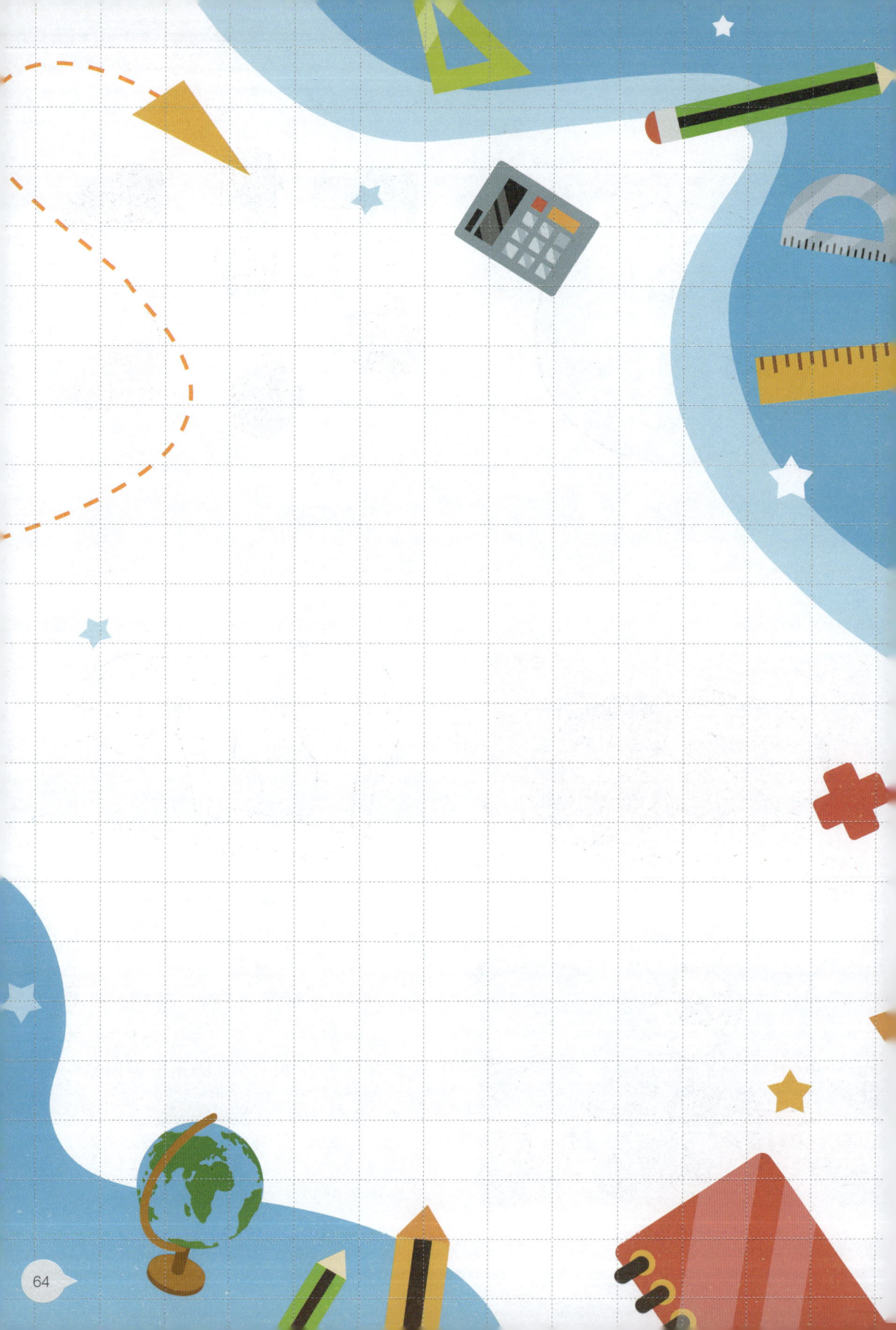

写给小学生的科学知识系列

地理这么迷人
壮阔的中国地理

王　杰◎编著

吉林科学技术出版社

图书在版编目（CIP）数据

地理这么迷人 / 王杰编著 . -- 长春 : 吉林科学技
术出版社 , 2024.2
（写给小学生的科学知识系列）
ISBN 978-7-5744-0604-9

Ⅰ . ①地… Ⅱ . ①王… Ⅲ . ①地理—少儿读物 Ⅳ .
① K9-49

中国国家版本馆 CIP 数据核字 (2023) 第 132416 号

写给小学生的科学知识系列

地理这么迷人
DILI ZHEME MIREN

编　著　王　杰
出 版 人　宛　霞
责任编辑　周　禹
助理编辑　宿迪超　郭劲松　徐海韬
封面设计　长春美印图文设计有限公司
美术编辑　黄雪军
制　　版　上品励合（北京）文化传播有限公司
幅面尺寸　170 mm × 240 mm
开　　本　16
字　　数　150 千字
印　　张　12
页　　数　192
印　　数　1-6000 册
版　　次　2024 年 2 月第 1 版
印　　次　2024 年 2 月第 1 次印刷

出　　版　吉林科学技术出版社
发　　行　吉林科学技术出版社
社　　址　长春市福祉大路 5788 号出版大厦 A 座
邮　　编　130118
发行部电话 / 传真　0431-81629529　81629530　81629531
　　　　　　　　　　81629532　81629533　81629534
储运部电话　0431-86059116
编辑部电话　0431-81629378
印　　刷　长春百花彩印有限公司

书　　号　ISBN 978-7-5744-0604-9　审图号：GS 吉（2023）153 号
定　　价　90.00 元（全 3 册）

目 录

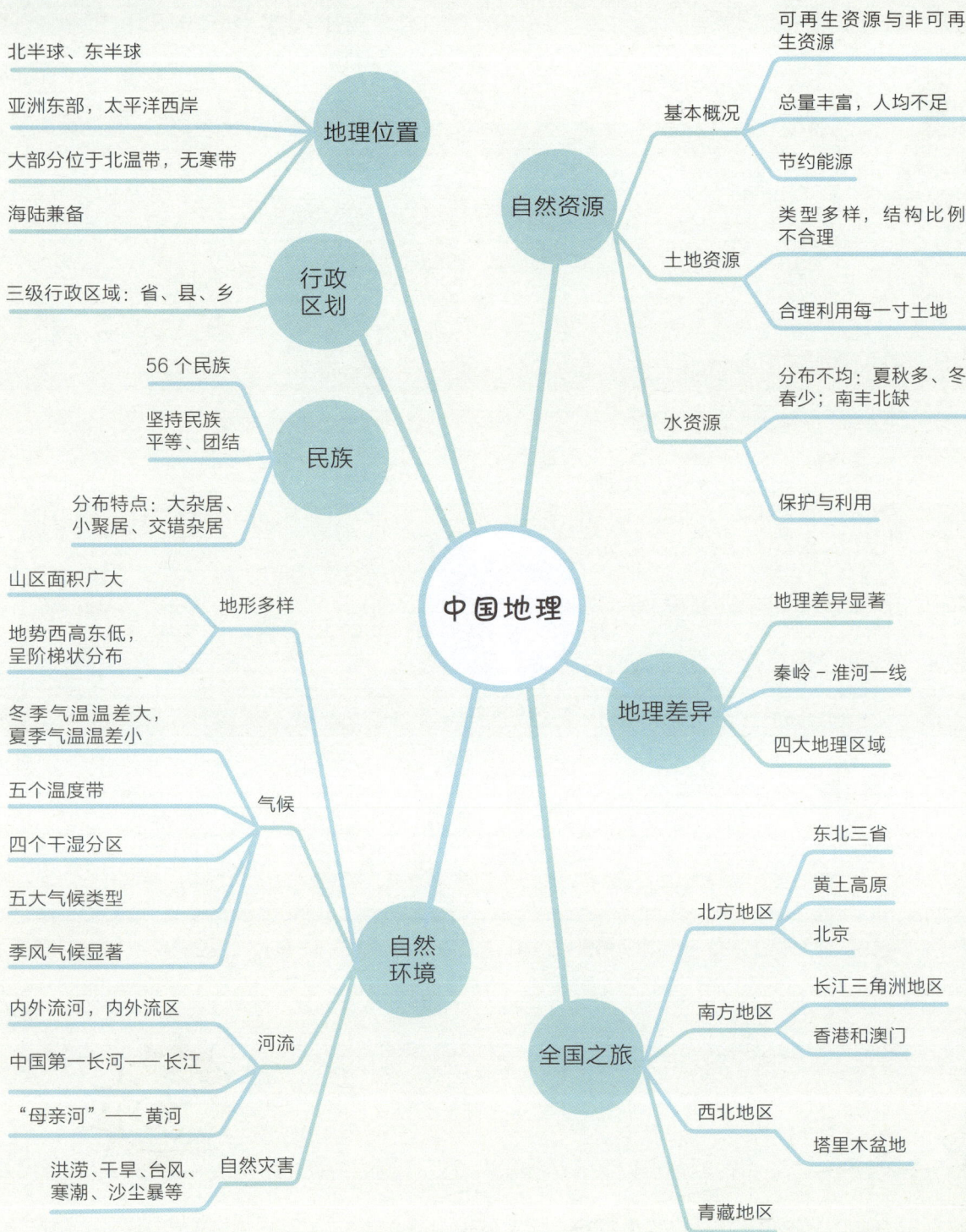

中国地理

地理位置
- 北半球、东半球
- 亚洲东部，太平洋西岸
- 大部分位于北温带，无寒带
- 海陆兼备

行政区划
- 三级行政区域：省、县、乡

民族
- 56 个民族
- 坚持民族平等、团结
- 分布特点：大杂居、小聚居、交错杂居

自然环境

地形多样
- 山区面积广大
- 地势西高东低，呈阶梯状分布

气候
- 冬季气温温差大，夏季气温温差小
- 五个温度带
- 四个干湿分区
- 五大气候类型
- 季风气候显著

河流
- 内外流河，内外流区
- 中国第一长河——长江
- "母亲河"——黄河

自然灾害
- 洪涝、干旱、台风、寒潮、沙尘暴等

自然资源

基本概况
- 可再生资源与非可再生资源
- 总量丰富，人均不足
- 节约能源

土地资源
- 类型多样，结构比例不合理
- 合理利用每一寸土地

水资源
- 分布不均：夏秋多、冬春少；南丰北缺
- 保护与利用

地理差异
- 地理差异显著
- 秦岭－淮河一线
- 四大地理区域

全国之旅

北方地区
- 东北三省
- 黄土高原
- 北京

南方地区
- 长江三角洲地区
- 香港和澳门

西北地区
- 塔里木盆地

青藏地区

中国在哪？有多大

中国是我们伟大的祖国，你知道它位于地球哪里吗？展开世界地图看一看吧！

从南、北半球看，中国位于北半球。

从纬度位置看，中国领土纬度适中，北回归线穿过中国大陆的南部，大部分地区位于北温带，只有南部的部分地区位于热带，没有寒带。全国总体气候温和，适合人类生存；光热条件好，适合农业发展。

从东、西半球看，中国位于东半球。

从海陆位置看，中国位于亚欧大陆的东南部，太平洋的西岸，背陆面海，降水东多西少。

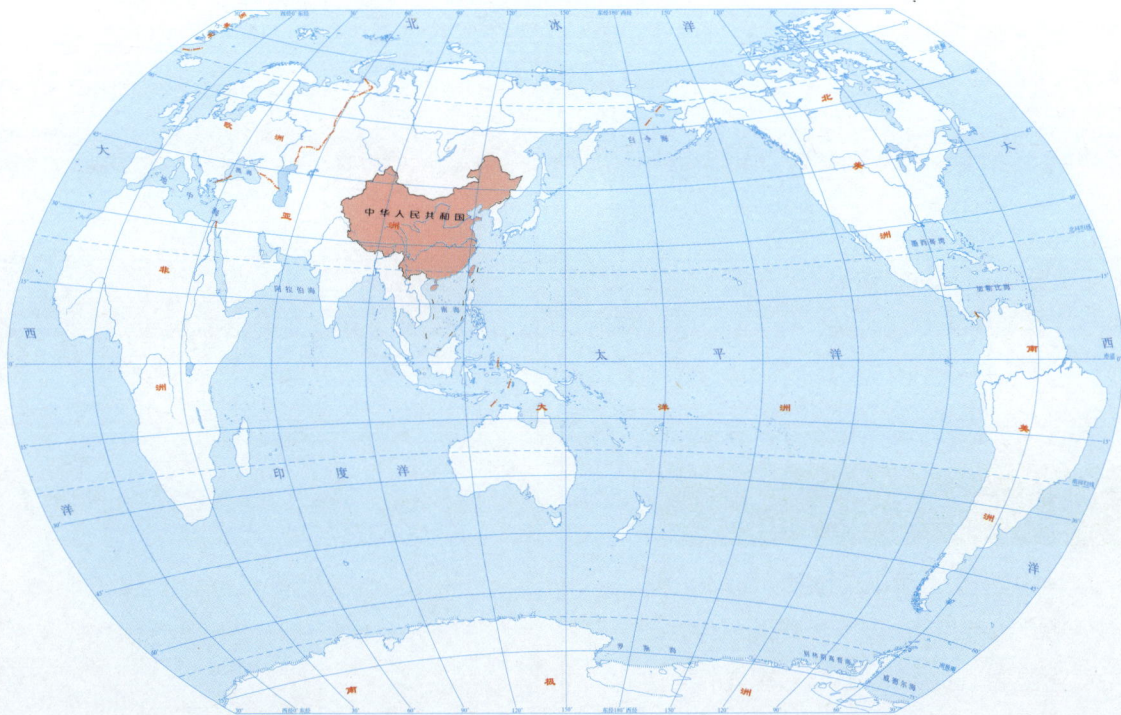

中国西部地区处于亚欧大陆中心地带，与许多国家接壤，能与中亚、西亚、欧洲直接往来。

中国东部海域广阔，海运便利，有利于发展海洋事业。

中国的地理位置非常优越，是一个海陆兼备的大国。

中国的领土到底有多大呢？我们通过中国地图来了解一下。

中国陆地领土面积约960万平方千米，仅次于俄罗斯和加拿大，居世界第三位，与欧洲的面积差不多。

中国领土的最西端（73°E）在新疆维吾尔自治区的帕米尔高原上。

中国陆上国界线长约2.2万千米，与14个国家接壤。

【小知识】

中国领土南北相距约5500千米，跨纬度近50°，南北气候差异显著，比如，冬季的黑龙江冰天雪地，而西沙群岛却天气炎热。

中国领土东西相距约5200千米，跨经度约60°，东西时差大，比如，当乌苏里江江面满是阳光的时候，帕米尔高原却是满天星斗。

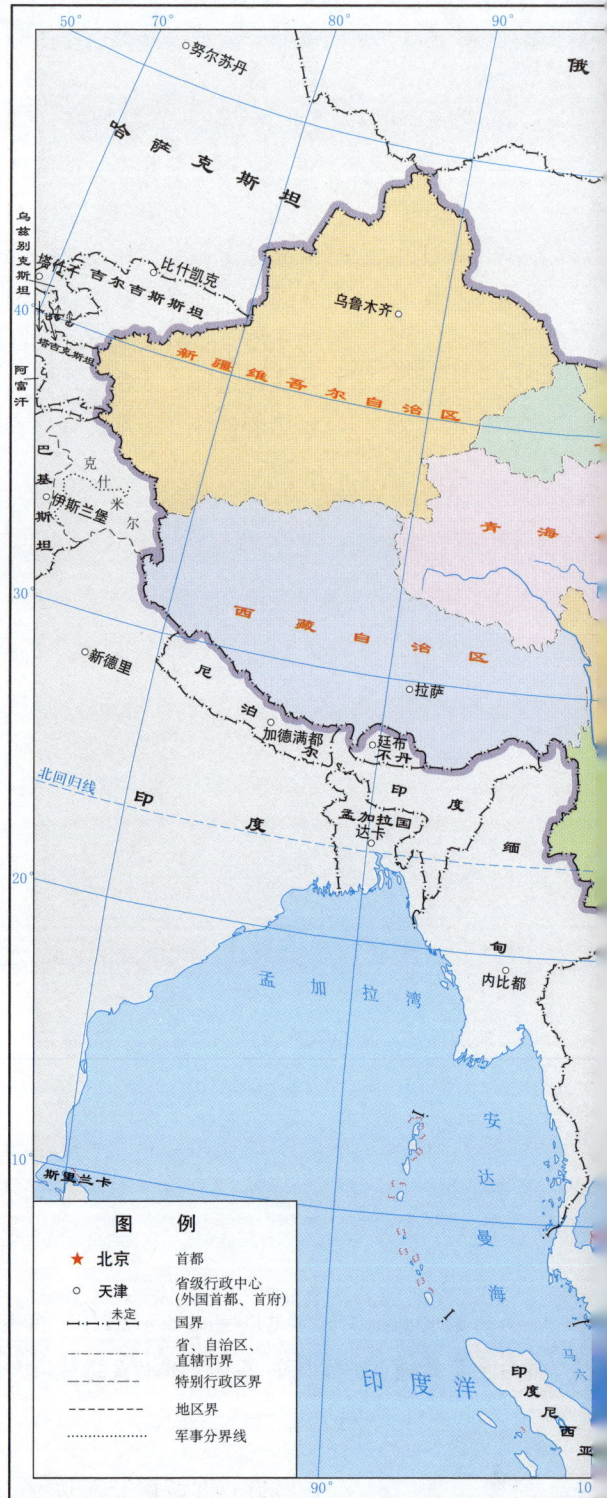

哈萨克斯坦

乌兹别克斯坦

塔什干　比什凯克　吉尔吉斯斯坦

乌鲁木齐

新疆维吾尔自治区

塔吉克斯坦

阿富汗

巴基斯坦　伊斯兰堡

青海

西藏自治区

拉萨

新德里　尼泊尔　加德满都　廷布　不丹

北回归线　印　度　孟加拉国　达卡　缅

印　度　内比都　甸

孟加拉湾

安达曼海

斯里兰卡

印度洋

印尼　西亚

图　例

★ 北京　首都
○ 天津　省级行政中心（外国首都、首府）
ー··ー··ー　国界
　　　未定
ーーーーー　省、自治区、直辖市界
ー・ー・ー　特别行政区界
ーーーーー　地区界
·········　军事分界线

中国领土的最北端（53°N）位于黑龙江省漠河县北端的黑龙江主航道中心线上。

中国领土的最东端（135°E）位于黑龙江省黑龙江与乌苏里江的主航道中心线内的汇合处。

被辽东半岛和山东半岛所环抱的渤海是中国的内海，由此向南的黄海、东海、南海都是中国大陆濒临的边缘海。

中国有约1.8万千米长的大陆海岸线，是世界上海岸线最长的国家之一，与6个国家隔海相望。

雷州半岛和海南岛之间的琼州海峡，也是中国的三大海峡之一。

中国领土最南端（4°N）位于南沙群岛的曾母暗沙。

罗　斯
乌兰巴托
蒙　古
黑龙江省
哈尔滨
吉林省
长春
沈阳
辽宁省
朝鲜
平壤
韩国
首尔
日本海
内蒙古自治区
呼和浩特
北京市
天津
河北省
银川
宁夏回族自治区
黄河
山西省
太原
石家庄
山东省
济南
黄海
日本
兰州
陕西省
西安
河南省
郑州
安徽省
合肥
江苏省
南京
上海市
上海
杭州
浙江省
湖北省
武汉
长江
湖南省
长沙
江西省
南昌
福建省
福州
东海
重庆市
重庆
成都
贵州省
贵阳
广西壮族自治区
南宁
广东省
广州
香港
澳门
东沙群岛
钓鱼岛　赤尾屿
台北
台湾省
台湾岛
巴士海峡
北回归线
太平洋
河内
越南
北部湾
海南省
海口
海南岛
西沙群岛
永兴岛
中沙群岛
黄岩岛
马尼拉
菲律宾
南海
南沙群岛
苏禄海
柬埔寨
金边
印度
斯里巴加湾市
文莱
马来西亚
苏拉威西海
曾母暗沙
新加坡
印尼
赤道

网上购物的时候，我们都要填上详细的家庭地址，这样快递员才能把包裹准确地送到我们手中。

那你知道地址上的省、市、县、镇等都代表什么，是怎么来的吗？其实，这就是中国现在实行的三级行政区划。

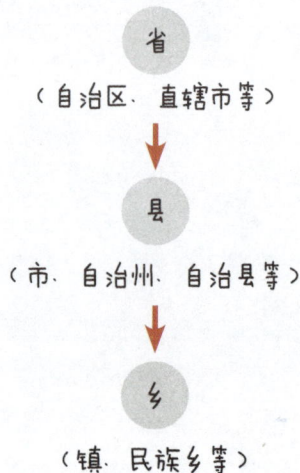

省
（自治区、直辖市等）

↓

县
（市、自治州、自治县等）

↓

乡
（镇、民族乡等）

自治区、自治州、自治县都是民族自治地方。实际上，中国在省级和县级之间还设立了一个行政管理单位——地级市，快递单上的"廊坊市"就是地级市。中国疆域辽阔，这样一级一级地划分开，不仅方便管理，也更有利于社会经济的发展和民族团结。

【小知识】省名的由来

有的源于山、河或湖等地理分界线，比如，太行山以东称为山东，以西就是山西了；黄河以南就是河南，以北就是河北；洞庭湖以南叫湖南，以北就叫湖北；云岭之南叫云南。

有的来源于境内的河、湖、山等地名，比如，黑龙江省的名字就来源于边境的黑龙江，浙江的省名则源于钱塘江（古称浙江），青海以青海湖得名，贵州以贵山得名。

有的是古代地名的简称，比如，历史上的广南东路、广南西路，现在就简称为"广东""广西"。

有的是省内历史名城名字的合称，比如，江苏就是江宁、苏州的首字组合，安徽则是取安庆、徽州的首字组合，福建是福州、建州的首字组合，甘肃是甘州、肃州的首字组合。

有的表示祈福，比如，辽宁就取辽河流域永久安宁之意，宁夏则以西夏安宁得名。

现在，打开中国地图，看一看我们国家都有哪些省、自治区和直辖市。另外，每个省级行政区域都有自己的行政中心（省会），也可以在地图上看到哦！

新疆维吾尔自治区以维吾尔族为主，于1955年设立。

内蒙古自治区以蒙古族为主，于1947年设立。

宁夏回族自治区以回族为主，于1958年设立。

北京是中华人民共和国的首都。直辖市、政治中心。

天津在1949年成为直辖市，是北方最大的港口城市和第一个自贸区。

西藏自治区以藏族为主，于1965年设立。

重庆市于1997年成为直辖市，是西南地区综合交通枢纽和最大的工商业城市。

广西壮族自治区以壮族为主，于1958年设立。

澳门于1999年12月20日回归，同日设立特别行政区。

香港于1997年7月1日回归，同日设立特别行政区。

上海在1927年就成为直辖市了，是中国的金融中心。

你是哪个省份的人？在中国地图上圈一圈。

"五十六个星座，五十六枝花。五十六族兄弟姐妹是一家。五十六种语言，汇成一句话。爱我中华，爱我中华，爱我中华……"

是不是很熟悉这首歌？它多次出现在中央电视台的春节晚会上，家喻户晓，广为流传。歌中的"五十六族"指的就是中国的 56 个民族，共同组成了统一和谐的中华民族大家庭。在这个大家庭中，汉族人口最多，其他 55 个民族人口较少，称为少数民族。

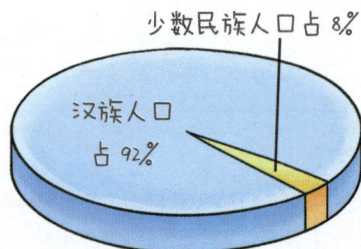

少数民族人口占 8%

汉族人口占 92%

在 55 个少数民族中，人口超过 500 万的有 9 个，其中壮族人口最多，有 1600 多万。

 壮族

 满族

 回族

 苗族

 维吾尔族

 土家族

 彝族

 蒙古族

 藏族

《中华人民共和国宪法》规定，各民族不论大小，一律平等。各种民族语言和文字平等共存。

各民族都有自己的传统文化和风俗习惯，相互交融、发展，共同组成了中华民族的优秀传统文化。

1. 汉族——元宵节。农历正月十五，人们会看花灯、猜灯谜、吃元宵。

2. 纳西族——三朵节。每年农历二月初八为祭祀三朵神而举行。

3. 蒙古族——那达慕节。每年农历六月初四到初八，举行赛马、射箭、摔跤等竞赛。

4. 藏族——雪顿节，每年八九月间举行，有展佛、赛牦牛、马术表演等活动。

5. 傣族——泼水节。在农历清明节后十日举行，人们互相泼水，被泼到的水越多，就会越吉祥、幸福、健康。

6. 壮族——歌墟节。每年农历三月三举行，人们对唱山歌，进行社交活动。

目前，汉族人口遍布全国各地，少数民族人口主要分布在西南、西北和东北地区，具有"大散居、小聚居、交错杂居"的特点。在少数民族聚居的地区，实行民族区域自治制度，坚持民族平等、团结、交往与合作。各民族在祖国的大家庭中和睦相处，亲如一家。

多种多样的地形

打开中国地势图，你会发现，中国的山脉好多啊！这些大小山脉纵横交错，像网格一样排列着，而在这些网格中间，则镶嵌着四大高原、三大平原、四大盆地和数个连绵起伏的山地、丘陵等。五种地形在中国都有分布，看起来是不是有些复杂？下面我们就一起来认识一下它们。

准噶尔盆地：中国第二大盆地，内部多戈壁、风蚀地貌，沙漠面积较小。

塔里木盆地：中国面积最大的盆地，沙漠广布，其中塔克拉玛干沙漠是中国最大的沙漠，边缘有绿洲。

柴达木盆地：中国海拔最高的盆地，东南部多盐湖沼泽，矿产资源丰富，有"聚宝盆"之称。

青藏高原：中国第一大高原，世界最高的大高原，多雪山、冰川，包括青海、西藏全部和四川省西部。

【小知识】

通常把山地、丘陵和崎岖的高原统称为山区，中国山区面积约占全国总面积的2/3，平原面积仅占1/10左右。

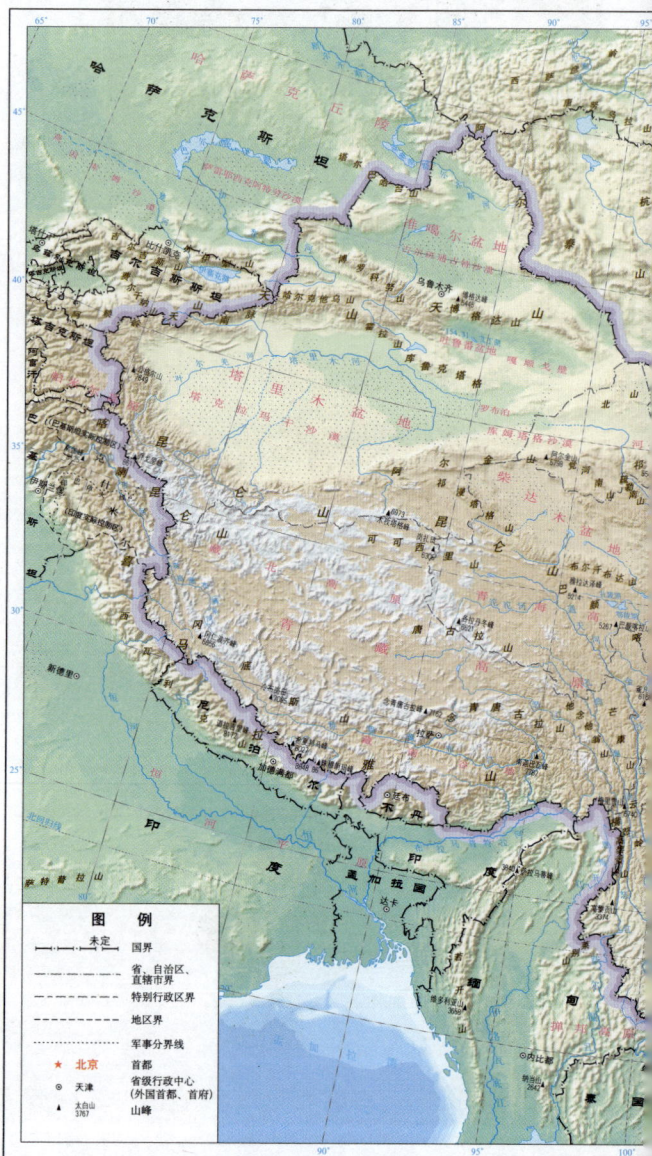

图 例

━━━ 未定	国界
━━━	省、自治区、直辖市界
━━━	特别行政区界
━━━	地区界
━━━	军事分界线
★ 北京	首都
◎ 天津	省级行政中心（外国首都、首府）
▲ 太白山 3767	山峰

云贵高原：地势西高东低，石灰岩广布，多喀斯特地貌，地跨云南省东部、贵州省大部分。

黄土高原：世界上面积最广的黄土分布区，高原表面沟壑纵横，支离破碎，包括山西省全部及陕甘宁豫蒙青一部分。

内蒙古高原：中国第二大高原，地势起伏和缓，平坦开阔，有草原、戈壁、荒漠，地跨内蒙古大部分及冀甘宁一部分。

东北平原：由松花江、嫩江和辽河冲积而成，是中国最大的平原，黑土广布，盛产小麦、大豆，是中国的天然粮仓。

辽东丘陵：位于辽宁省的低山丘陵，降水丰沛，是中国著名的温带水果产区。

华北平原：由黄河、淮河、海河冲积而成，地表平坦，是中国第二大平原。

山东丘陵：位于山东半岛，盛产小麦、玉米、大豆等农作物和温带水果，如烟台苹果、莱阳梨等都很有名。

长江中下游平原：由长江及其支流冲积而成，地势低平，河湖众多，土地肥沃，是中国主要的农业生产基地。

南海诸岛

东南丘陵：中国分布最广、最密集、面积最大的丘陵，海拔多为200~500米，丘陵与低山之间多数有河谷盆地，降水充沛，热量丰富，适宜发展农业。

四川盆地：位于中国西南部，由群山包围，内部多低山丘陵，西部有成都平原，河流众多，有"天府之国"的美誉。

你发现了吗？山地、高原、盆地多分布在中国西部地区，地势高；而平原、丘陵分布在东部，地势较低。这就造成了中国西高东低的地势特征，并且呈三级阶梯状逐渐下降。

第一级阶梯：平均海拔超过 4000 米，以高原为主。

第二级阶梯：海拔迅速下降，多在 1000~2000 米，以高原、盆地为主。

第三级阶梯：海拔继续下降，多在 500 米以下，以平原、丘陵为主。

第三级阶梯继续向海洋延伸，形成近海的大陆架。

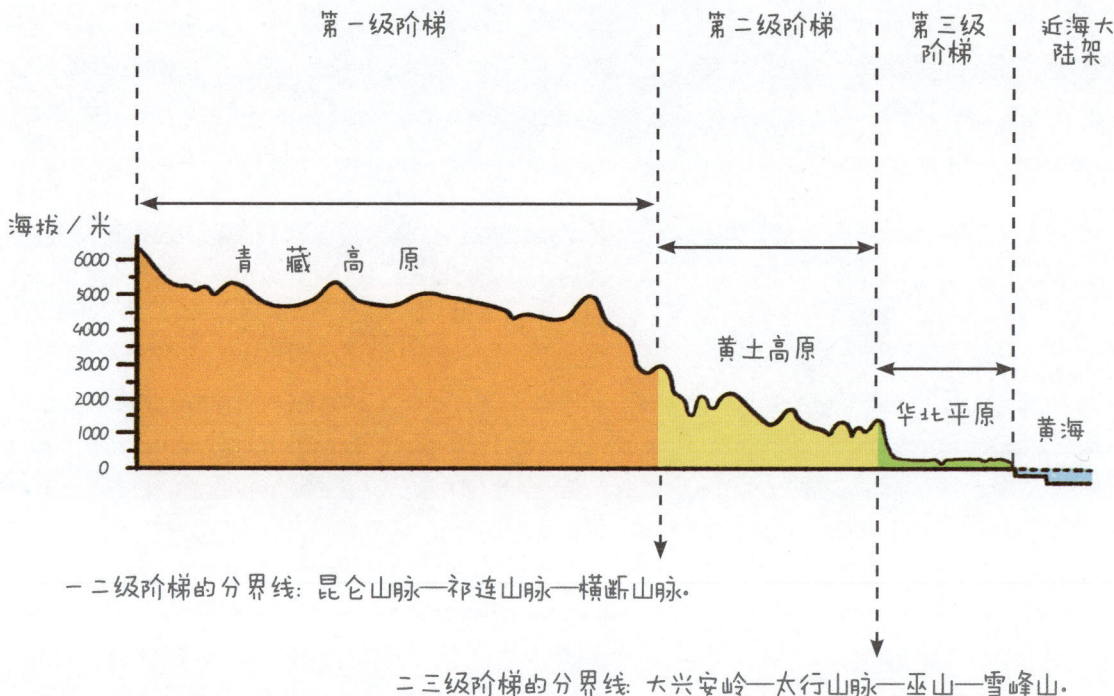

一二级阶梯的分界线：昆仑山脉—祁连山脉—横断山脉。

二三级阶梯的分界线：大兴安岭—太行山脉—巫山—雪峰山。

【小知识】
我国陆地海拔的最高点和最低点

在我国和尼泊尔交界处的珠穆朗玛峰，简称"珠峰"，是喜马拉雅山脉的主峰，海拔 8844.86 米，为世界第一高峰。

在我国新疆天山山脉南麓的吐鲁番盆地中，艾丁湖洼地低于海平面 154.31 米，为中国陆地海拔最低处。

那这种西高东低的地势会给中国带来哪些影响呢?

气候: 暖湿的海洋风可以深入内陆,沿坡爬升,形成丰沛的降水,有利于农业、林业、牧业的发展。

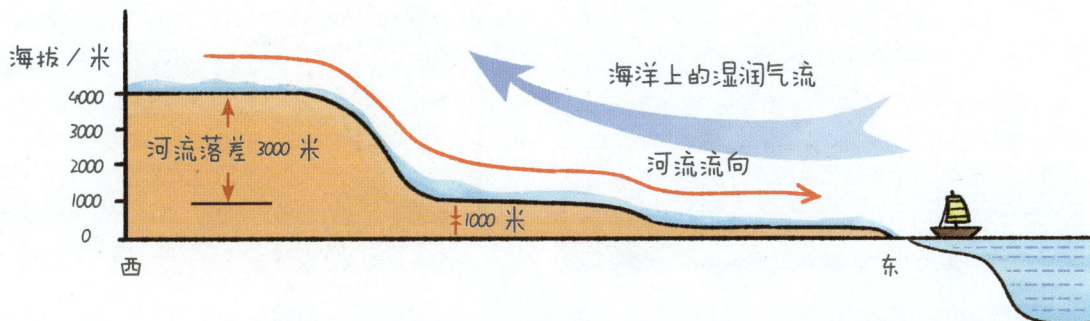

交通: 许多大江大河自西向东奔流,沟通了东西交通,加强了内陆与沿海的经济联系。

长江航运

水量大

落差 800 米

水利: 河流从高一级阶梯流入低一级阶梯时,落差很大,水流湍急,水能资源非常丰富,中国葛洲坝、三峡等大型水电站等都是建在地势阶梯分界线附近。

水量、落差决定水能资源

春节期间，在哈尔滨的冰灯展上，人们冒着低于-20℃的严寒，观赏色彩缤纷的冰灯。

春节时广州的迎春花市上，各种鲜花争奇斗艳，人们正在精心选购。

中国的春节正值冬季，但南方的气温却比北方高很多。可见，我国冬季气温南北差别很大，大部分地区1月气温都是由南向北逐渐降低。

黑龙江省漠河县的北极村是中国最北的城镇，也是中国冬季最冷的地方，平均气温-30.6℃，最冷时甚至出现过-52.3℃的极端最低气温。

【小知识】
秦岭—淮河一线的地理意义

水田与旱地的分界。
半湿润区与湿润区的分界。
温带季风气候与亚热带季风气候的分界。
河流有无结冰期的分界线。

暖温带与亚热带的分界。
800毫米年降水量线通过的地方。
1月0℃等温线通过的地方。

到了夏季，我国大部分地区普遍高温，7月平均气温超过20℃，最热的地方是新疆的吐鲁番，平均气温达33℃，极端最高气温曾达到49.6℃，因此又被称为"火洲"。

不过，也有例外，比如青藏高原等地区，因为海拔非常高，所以夏季气温相对较低，平均气温在5~8℃，而可可西里等少数地区夏季气温都在0℃以下。

正是根据气温的这种南北差异，并结合农业生产实际，我们把全国分为了5个温度带，还有一个地高天寒、面积广大的青藏高原区。

寒温带：包括黑龙江省北部、内蒙古东北部地区，作物一年一熟，种植早熟的春小麦、大麦、马铃薯等。

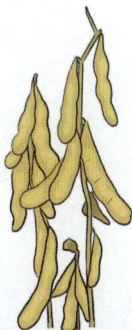

中温带：包括东北和内蒙古大部分、新疆北部，作物一年一熟，种植春小麦、谷子、大豆、高粱、甜菜等。

暖温带：包括黄河中下游大部分地区和新疆南部，作物一年两熟或两年三熟，种植冬小麦、玉米、棉花、红薯、花生、苹果、梨、桃、哈密瓜等。

亚热带：包括秦岭、淮河以南及青藏高原以东地区，作物一年两至三熟，种植双季稻、油菜、柑橘、荔枝、茶叶等。

热带：包括云南、广东、台湾南部和海南省，作物一年三熟，种植水稻、椰子、香蕉、菠萝等。

青藏高原区：部分地区一年一熟，主要种植青稞。

在中国地图上，那些有一片片黑点点的地方就是沙漠，它们大都位于中国的西北部地区。这是为什么呢？因为这里降水少，而且蒸发快。

中国年降水量的空间分布规律大致是东部多、西部少，从东南沿海向西北内陆逐渐减少。

西北内陆距海远，河流稀少，大片地区年降水量不足50毫米。

东南沿海一带的年降水量多在1600毫米以上。

图例

未定 国界
省、自治区、直辖市界
特别行政区界
★ 北京 首都
○ 郑州 省级行政中心

乌鲁木齐 哈尔滨 长春 沈阳 呼和浩特 北京 天津 石家庄 济南 太原 郑州 西宁 银川 兰州 西安 合肥 南京 上海 成都 武汉 杭州 重庆 长沙 南昌 贵阳 福州 昆明 广州 香港 澳门 南宁 海口

拉萨

黄海 渤海 东海 南海 台湾岛 台北 钓鱼岛 赤尾屿 东沙群岛 海南岛

南海诸岛 南沙群岛 东沙群岛 西沙群岛 永兴岛 中沙群岛 黄岩岛 海口 海南岛 曾母暗沙

【小知识】

吐鲁番盆地中的托克逊是中国降水最少的地方，全年下雨的日子不足10天，年平均降水量仅6.9毫米，有些年份甚至不下雨。这种干燥少雨的气候使吐鲁番的葡萄挂在通风的室内，就可以自然风干成美味的葡萄干。

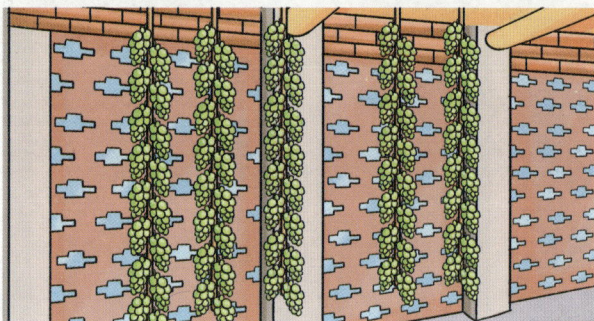

中国西北地区降水少，而且基本上降多少水，就能蒸发多少水，所以非常干旱，出现大片的沙漠。而东南地区降水多，蒸发量小，所以气候湿润。科学家们就是根据气候的这种干湿状况，将中国划分为湿润、半湿润、半干旱、干旱四类地区。

湿润区：年降水量800毫米以上，植被以森林为主；耕地以水田为主，种植水稻；房屋多为斜顶屋。

半湿润区：年降水量400~800毫米，植被为森林草原；耕地大多是旱地，主要种植小麦、玉米；房屋多为斜顶屋。

半干旱区：年降水量200~400毫米，植被以温带草原为主，适宜发展畜牧业；房屋多为平顶屋。

干旱区：年降水量200毫米以下，远离海洋，沙漠和戈壁广布，大片土地难以利用；植被稀疏，以畜牧业为主；房屋多为平顶屋。

中国降水的时间分配也不均匀，大多数地区的降水集中在夏季，而且在不同地区，雨季的长短差别很大。通常，北方雨季开始晚，结束早，雨季短；而南方雨季开始早，结束晚，雨季长。

原来都是受季风的影响

中国的气温、降水分布特点还受季风的影响。所谓季风，就是风向在一年之中随着季节的变化而有规律地改变的风。中国背靠亚欧大陆，东面濒临太平洋，西南离印度洋也较近，而海陆之间热力差异大，所以受季风影响特别显著。

夏季，温暖湿润的偏南风从热带海洋吹来，带来了丰沛的降水，雨热同期，但中国东西跨经度大，西北内陆距海远，又有高大的山脉阻挡，所以夏季风越向西北，风力越弱，降水量也就越来越少。

中国北方所处的纬度高，冬季又盛行从亚欧大陆内部吹来的偏北风，寒冷干燥，使气温进一步降低，南北温差增大，绝大多数地区降水少。

图 例

★ 北京　首都

○ 天津　省级行政中心（外国首都、首府）

—·—　未定

———　国界

———　省、自治区、直辖市界

-·-·-　特别行政区界

-----　地区界

·······　军事分界线

受季风的影响，中国大多数地方呈现冬季寒冷干燥、夏季高温多雨的气候特征。但中国地域辽阔，地形多种多样，具体到某个地区的气候又千差万别，所以，科学家把中国的气候类型大致划分为五种。

温带大陆性气候：分布在西北内陆地区，冬冷夏热，降水较少，集中在夏季；植被为草原、荒漠、针叶林。

温带季风气候：分布在秦岭－淮河以北的北方地区，冬季寒冷干燥，夏季高温多雨，雨热同期；植被为落叶阔叶林。

亚热带季风气候：分布在秦岭－淮河以南的南方地区，冬季温和（最冷时月平均气温也不低于0℃）少雨，夏季高温多雨；植被为亚热带常绿阔叶林。

热带季风气候：分布在云南、广东、台湾等省的南部及海南省，全年高温，分旱季和雨季；植被为热带雨林。

高原山地气候：分布在青藏高原，全年寒冷，有的地区终年被冰雪覆盖；植被为高山草甸、荒漠、冰川。

【小知识】梅雨是如何形成的

每年6月上旬，夏季风带着暖湿气流从东南沿海北上，走到长江中下游一带时与南下的北方冷空气相遇，暖湿气流遇冷凝结，形成降水，通常会持续1个月左右，此时正是梅子黄熟的季节，故称为"梅雨"。待"梅雨"过后，常常是烈日炎炎，最高气温可达40℃。

塔里木河是中国最大的内流河，降水少，主要以冰川融雪补给为主。

额尔齐斯河向北，与俄罗斯的鄂毕河相通，流入北冰洋。

青藏高原湖区是世界上最大的高原湖泊群分布区，主要是内流湖（咸水湖），湖水只进不出，蒸发旺盛，盐分较多。

纳木错：藏语意为"天湖"，海拔4718米，是世界上地势最高的内陆湖，为中国的第三大咸水湖。

长江、珠江 秦岭－淮河以南一线的长江、珠江，受夏季风影响大，水量大，汛期长，无冰期。

珠江长2214千米，位于第二、三阶梯交界处，水量居全国第二位。

图 例

┝—┿—┥ 未定	国界
··········	省、自治区、直辖市界
－－－－	特别行政区界
★ 北京	首都
◎ 天津	省级行政中心（外国首都、首府）

中国是一个河流和湖泊众多的国家，蕴藏着丰富的水资源。其中，流域面积超过 1000 平方千米的大河约有 1600 条，面积在 1 平方千米以上的湖泊约 2800 个。大部分河流为外流河，水量超过全国河流总水量的 95%。在西高东低的地势影响下，自西向东奔流入海；而在西北内陆地区的有些河流则为内流河，流程短，季节性强，水量不到全国河流总水量的 5%。

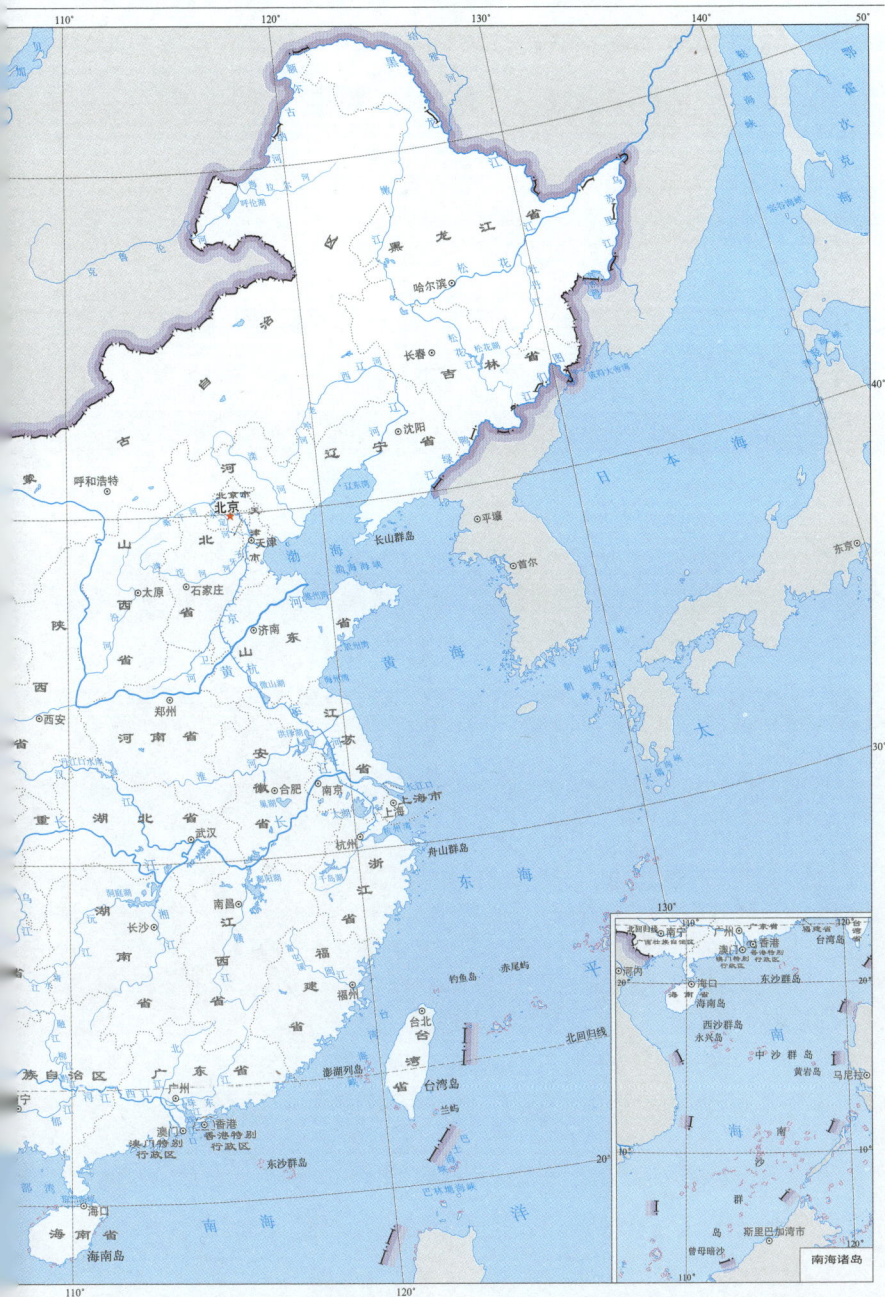

黑龙江、松花江的纬度位置高，受冬季风影响，冬季冰期长。

京杭运河是世界上开凿时间最早、最长的人工运河，贯通海河、黄河、淮河、长江、钱塘江五大水系，沟通了中国南北的水上运输通道。

秦岭—淮河一线以北的黄河、海河等受季风影响，水位季节变化大，冰期较短，但到了春季也会出现短暂的汛期。

东部平原湖区是中国外流湖（淡水湖）最集中的地区，如鄱阳湖（中国最大的淡水湖）、洞庭湖、太湖、洪泽湖、巢湖等，它们与外流河相通，含盐分少，是调节江河水量的天然水库。

南海诸岛

在中国众多的河流中，有两条河流最为重要——长江和黄河。其中长江是中国第一长河，长度居世界第三位，全长约6300千米，横贯东西，流经11个省区，是中国东西航运的大动脉，有"黄金水道"之称，流域面积约180万平方千米。

长江上游（宜昌以西的河段）：穿越中国地势的第一、二级阶梯，多峡谷，在阶梯的交界处落差大，水流湍急，水能资源丰富。所以，中国在长江上游的干支流上相继建起了许多大型水电站，比如，长江三峡枢纽工程，具有防洪、发电、航运、养殖、供水等多种功能。

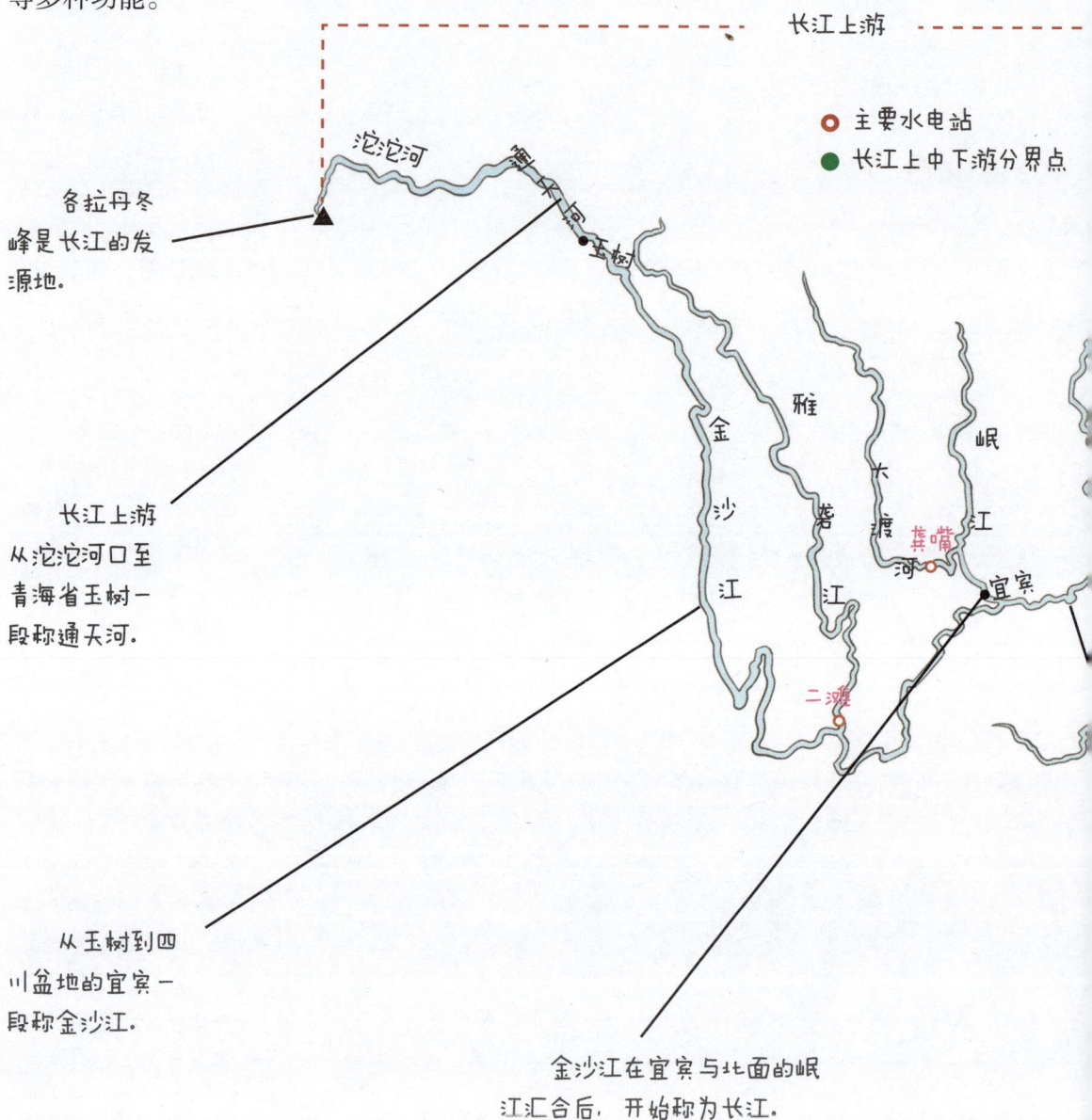

长江上游

○ 主要水电站
● 长江上中下游分界点

沱沱河

各拉丹冬峰是长江的发源地。

长江上游从沱沱河口至青海省玉树一段称通天河。

金沙江

雅砻江

大渡河

岷江

龚嘴

宜宾

二滩

从玉树到四川盆地的宜宾一段称金沙江。

金沙江在宜宾与北面的岷江汇合后，开始称为长江。

长江中游（宜昌到湖口的河段）：多支流，多湖泊，多曲流，特别是荆江一段的河道蜿蜒曲折，有"九曲回肠"之称。受亚热带季风气候影响，降水丰富，水量很大，容易发生洪涝灾害。为此，国家重点治理了荆江河道，通过加固大堤、建立蓄洪区、裁弯取直工程，使防洪和航运效益显著。

长江下游（湖口到入海口）：江阔水深，流经平原地区，水流平缓，支流少，终年不冻，利于航运。

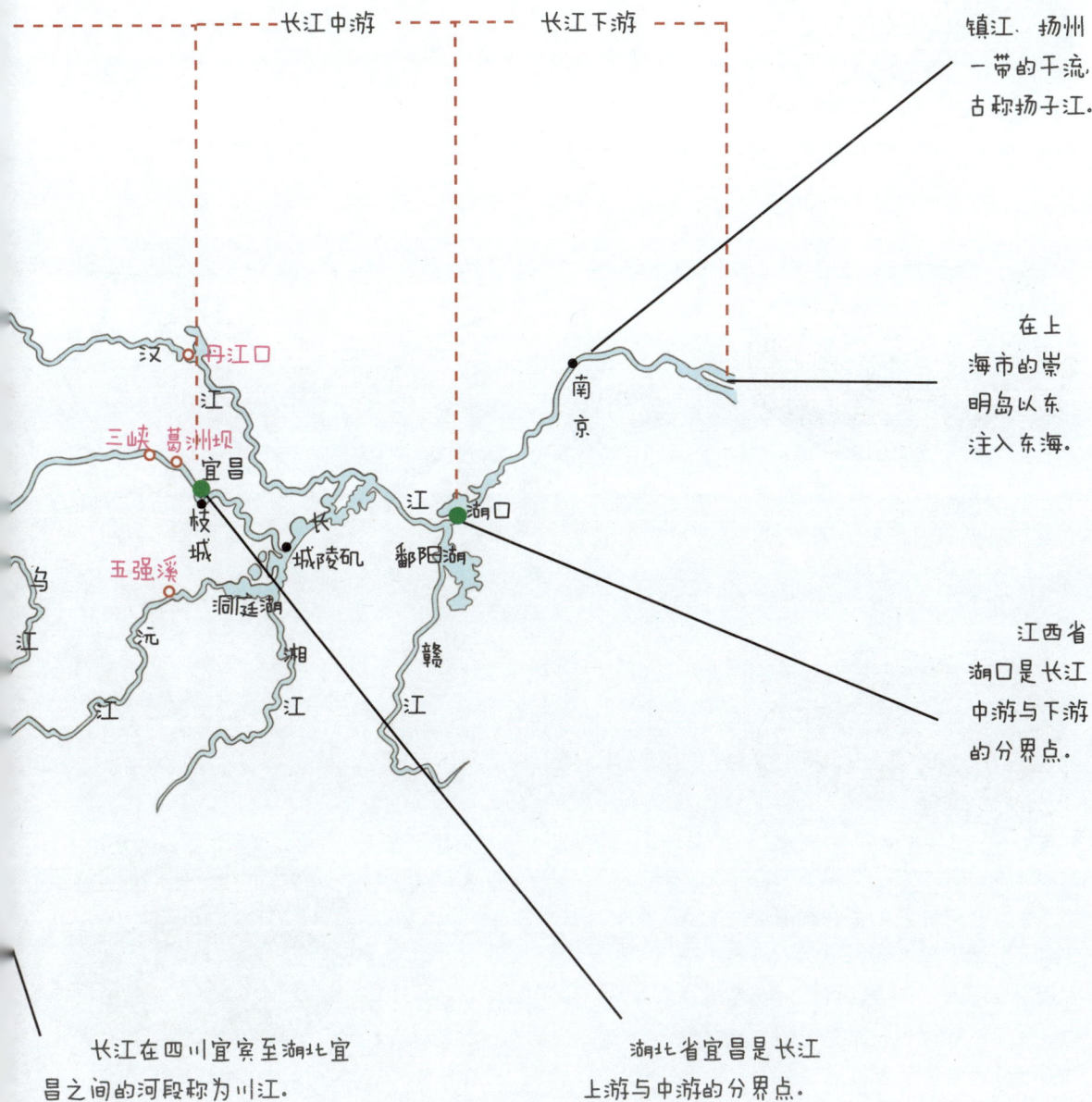

长江下游在江苏省镇江、扬州一带的干流，古称扬子江。

在上海市的崇明岛以东注入东海。

江西省湖口是长江中游与下游的分界点。

长江在四川宜宾至湖北宜昌之间的河段称为川江。

湖北省宜昌是长江上游与中游的分界点。

长江中游　长江下游

汉江　丹江口

三峡　葛洲坝　宜昌

枝城

五强溪

洞庭湖

沅　湘

长江　城陵矶　鄱阳湖　赣江

南京

湖口

中华民族的母亲河——黄河

　　黄河，是我们中华民族的母亲河，自西向东流经 9 个省区，呈一个巨大的"几"字形，全长约 5500 千米，流域面积约 75 万平方千米，是中国第二长河。

　　黄河上游（河口以西的河段）：流经中国地势第一、二级阶梯交界地带，穿行于高山峡谷之中，水流湍急，水量大，泥沙含量少。国家陆续修建了龙羊峡、刘家峡等多座大型水电站，促进了流域的经济发展。

黄河上游

- ⊙ 主要水电站
- ● 黄河上中下游分界点

龙羊峡水电站

青藏高原上的巴颜喀拉山脉是黄河的发源地。

扎陵湖

鄂陵湖

龙羊峡　李家峡　刘家峡　盐锅峡　大峡　青铜峡

宁夏平原

　　黄河从低纬流向高纬的河段，到春季时，上游先解冻，浮冰顺水而下，而下游尚未解冻，就会造成浮冰堵塞河道的后果，形成冰坝，发生凌汛。此时必须炸开冰坝才能排除险情。

　　黄河流出青铜峡之后，水流放缓，塑造了有"塞外江南"之称的宁夏平原和河套平原，促进了区域经济发展。

黄河中游（河口到桃花峪的河段）：流经黄土高原地区，土质疏松，遇到暴雨时水土流失非常严重，使黄河成为世界上含沙量最多的河流，有"一碗水，半碗泥"的说法。为此，国家采取了植树种草、退耕还林还草等方法来保持水土，并修建了大型水利枢纽（小浪底）。

林草护坡

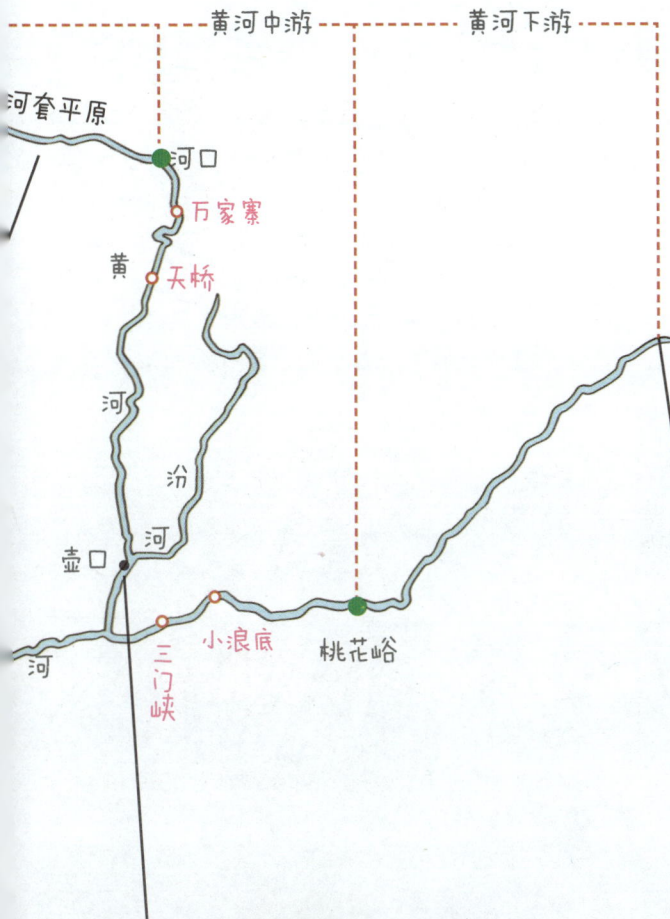

黄河下游（桃花峪到入海口）：河道逐渐变宽，坡度变缓，水流减慢。河水中挟带的大量泥沙沉积下来，使河床逐渐抬高，人们就不断加高加固堤坝以防止黄河泛滥，于是就形成了"地上河"，比如，黄河开封段的河床比开封铁塔所在地面高 13 米。

黄河中游

黄河下游

河套平原

河口

万家寨

天桥

黄河

汾河

壶口

小浪底

三门峡

桃花峪

开封"地上河"

13 米

壶口瀑布是世界上最大的黄色瀑布，瀑布上游黄河水面宽 300 米，奔流至此，两岸石壁峭立，河口被压缩到 20~30 米的宽度，狭如壶口，故名壶口瀑布。

黄河挟带的大量泥沙，在入海口附近沉积，使海岸线平均每年向海洋推进约 1.4 千米，形成广阔的三角洲。

雨热同期的季风气候，为中国农业生产提供了有利的自然条件，但是，季风活动异常时，也常常带来各种自然灾害，对人们的生产、生活，以及生态环境等都造成很大的危害。

季风带来的持续性暴雨可能会导致洪涝灾害，淹没房屋、农田，人员、财产损失很大。

长时间降水偏少或无降水会引发旱灾，造成农作物减产，甚至人、畜饮水困难。

热带洋面形成的大气涡旋会导致台风，在沿海地区登陆后会带来狂风暴雨，形成灾害。

北方冬春季节，冬季风带来的沙尘暴会破坏土壤、植被，阻碍交通，损害人体健康。

强冷空气迅速入侵会造成大范围的剧烈降温，常伴有大风、雨雪、冰冻等恶劣天气，形成寒潮危害。

在坡度较陡的沟谷中，暴雨、洪水会引发山体滑坡，并挟带大量泥沙石块形成泥石流，通常暴发突然，流速很快，来势凶猛，破坏力极大。

中国地域辽阔，自然环境复杂多样，自然灾害频繁发生，因此中国非常重视防灾减灾工作，并取得了很大的成就。

中国能够运用遥感卫星等技术精确预报台风、寒潮等灾害。

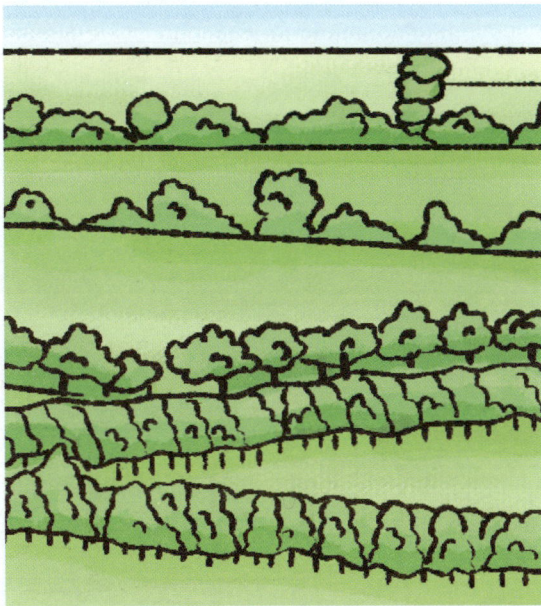

修建了大量的防灾工程，如"三北"防护林工程可以防御风沙危害，有"绿色长城"之称。

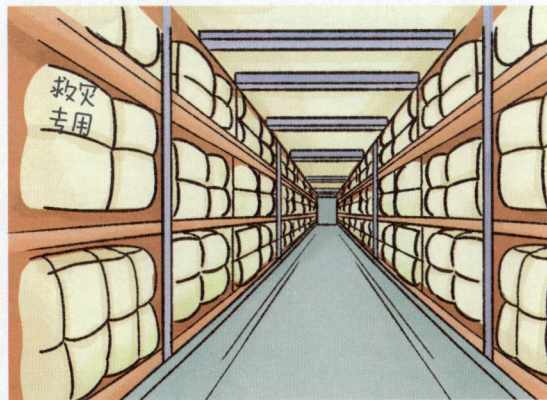

建设了一大批救灾物资储备中心，一旦发生灾害，可保证及时供应救灾物资。

当发生自然灾害时，国家会立即派出救援人员进行抢险救灾，减轻灾害损失。

【小知识】了解避灾方法，科学自救

1. 当发生泥石流时，应向垂直于泥石流流动方向的山坡上跑。

2. 遇洪水时，应立即爬上附近高大、坚固的物体避险，切忌游泳逃生。

3. 如被卷入洪水中，要抓住固定的或能漂浮的东西。

中国疆域辽阔，自然环境多样，各种自然资源的总量都非常丰富。那么，你知道什么是自然资源吗？

自然资源分为可再生资源和非可再生资源。土地、阳光、森林、水和水能等，可以在较短时间内更新、再生，或者可以循环使用，称为可再生资源。

淡水、水能等水资源

阳光、风能等气候资源

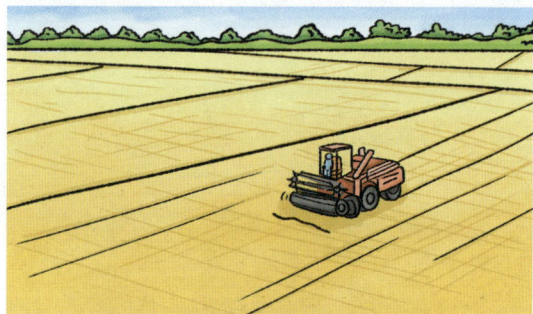

动物、植物等生物资源

煤炭、石油、铁矿等，形成、再生过程非常缓慢，相对于人类历史而言，几乎不可再生，用一点就少一点，称为非可再生资源。

耕地、林地、草地等土地资源

鱼、虾、潮汐等海洋资源

煤、石油、铁、铜等矿产资源

在自然界中，对人类活动有价值的物质和能量，都称为自然资源。

中国自然资源的种类齐全，总量均居世界前列，可谓地大物博。但是，中国人口众多，人均占有量要远低于世界平均水平。

中国陆地面积居世界第三位，但人均土地占有量不足世界平均水平的1/2.

中国已探明的矿产资源总量居世界第三位，但人均矿产资源占有量不到世界平均水平的1/2.

中国森林面积居世界第五位，但人均森林面积仅为世界平均水平的1/3.

中国河流年径流量居世界第六位，但人均径流量仅为世界平均水平的1/4.

中国耕地面积居世界第四位，但人均耕地面积只有世界平均水平的2/3.

而且，随着人口增长和经济的快速发展，我们对自然资源的需求会越来越大，所以，我们必须要合理利用、保护和节约自然资源。

加强资源的回收和循环使用，废物再利用，垃圾也是宝。

开发新材料、新能源.

节约用纸，减少对树木的砍伐.

减少一次性消耗品的使用，节约能源，保护环境.

▶ 土地是人类的衣食之源

在所有自然资源中，土地是人类的衣食之源，是生活和生产的主要场所，是人类的生存之本。

建造房屋

修筑道路

种植作物

开发矿藏

放牧

这些生活、生产都离不开土地，没有土地就无法进行。中国各地的自然环境千差万别，土地资源的利用类型也多种多样，有利于因地制宜地发展农、林、牧、渔、工矿业生产和城乡建设。

中国土地利用类型的构成

可利用草地 26.48%
林地 31.86%
耕地 12.68%

工矿、交通、城市用地
和内陆水域等 3.26%

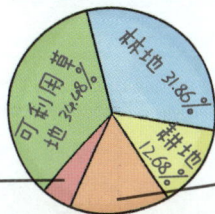

沙漠、戈壁、石山、
高寒荒漠、永久积
雪和冰川等 15.72%

　　中国难以利用的土地多，耕地少，要想满足十几亿人的粮食需求，就必须合理利用每一寸土地，保护好耕地。

中华人民共和国土地管理法

中华人民共和国土地森林法

中华人民共和国土地草原法

中华人民共和国基本农田保护条例

制定法律、法规，加强对土地资源的管理和保护。

营造防护林，防止土地沙化，改善水土流失状况。

在牧区建设人工草场，放牧或收割牧草，以保护天然草场。

在农耕区设立基本农田保护区，加大农田基本建设。

紧缺的水资源

除了土地资源，水也是所有生命所必需的资源，这里主要是指河流、湖泊、浅层地下水等淡水资源。中国水资源总量丰富，但受季风气候影响，分布很不均衡，对人们的生活和生产影响很大。

河流水

湖泊水

浅层地下水

从空间分布看：南丰北缺，所以南方以水田为主，北方以旱田为主，特别是华北和西北地区，缺水最为严重。为此，中国实施了跨流域调水工程，以缓解北方的缺水状况。其中，规模最大的就是南水北调工程，分为东、中、西三条线路。东线方案是从长江下游扬州、江都抽引长江水，通过京杭运河输送到山东、天津；中线方案是从汉江丹江口水库引水，沿线开挖渠道北上至京津地区；西线方案是把长江上游通天河、雅砻江、大渡河的水引入黄河上游，补充西北地区的水资源。

扬州江都水利枢纽是国家南水北调东线工程的源头，被誉为"江淮明珠"。

从时间分配看：夏秋降水多，水资源丰富，但容易造成洪涝灾害；冬春降水少，水资源短缺。解决这一问题的有效措施就是修建水库，比如，长江三峡工程和黄河小浪底水利枢纽，在河流洪水期蓄水，在枯水期放水，以调节河流流量的季节变化。

尽管采取了这些有效措施，但中国人口多，又存在严重的水污染，所以水资源依然很紧张，必须节约用水，保护水资源。

农业改良作物品种，采用喷灌、滴灌等方式，并减少农药、化肥的使用。

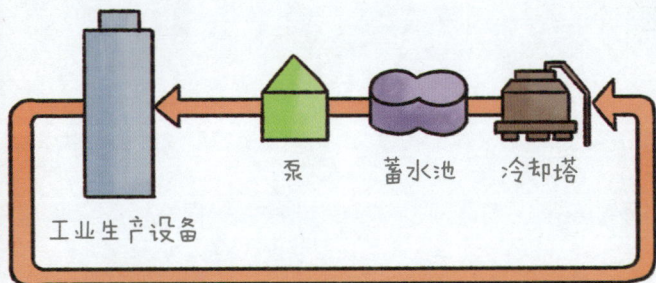

工业重复循环用水，降低生产耗水，并加强对污水的处理，减少污染。

生活中使用节水器具，一水多用，少使用洗涤剂和清洁剂。

　　中国虽然地域辽阔，地形多种多样，但气温、降水、地势的分布都是有规律的，由此导致了中国各个地区自然环境的差异十分显著，人文特征也千姿百态。所以，综合这些特点，将中国划分为四大地理区域，即北方地区、南方地区、西北地区和青藏地区。

西北地区：包括内蒙古、新疆、宁夏和甘肃的西北部。面积约占全国的30%，人口约占全国的4%。

青藏地区：包括西藏、青海和四川的西部。面积约占全国的25%，人口约占全国的1%。

乌鲁木齐◎

新疆维吾尔自治区

甘肃

青海省

西宁◎

西藏自治区

◎拉萨

四川

成

昆明◎

云南省

图　例

———┷———未定　国界

————————省、自治区、
直辖市界

— — — —特别行政区界

★ 北京　首都

◎ 天津　省级行政中心

北方地区：包括东北三省，黄河中下游各省的全部或大部分，以及甘肃省的东南部和江苏、安徽的北部，面积约占全国的20%，人口约占全国的40%。

南方地区：包括长江中下游、南部沿海和西南各省（自治区、直辖市、经济特区），面积约占全国的25%，人口约占全国的55%。

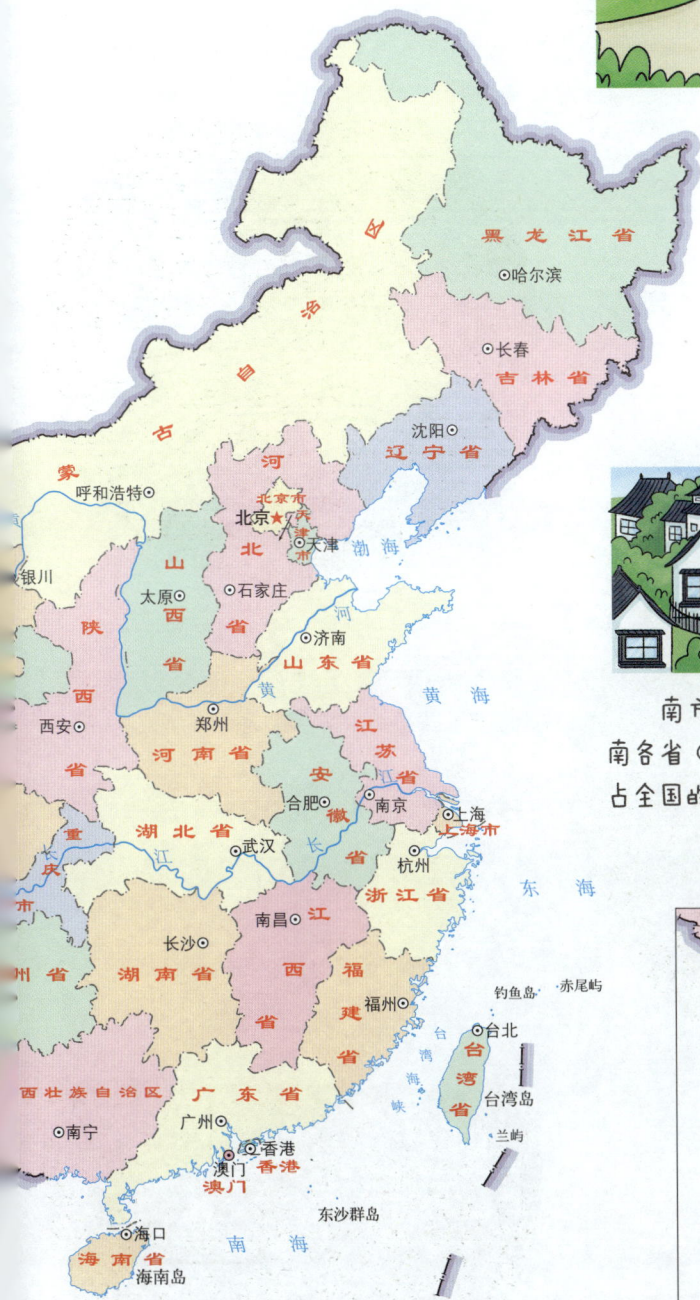

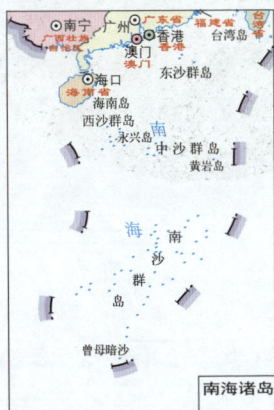

黑龙江省
⊙哈尔滨

内蒙古自治区

吉林省
⊙长春

辽宁省
⊙沈阳

⊙呼和浩特

银川

河北省
北京市 ★北京
⊙天津市
石家庄⊙ 勃海

山西省
⊙太原

陕西省
⊙西安

山东省
⊙济南 黄海

河南省
⊙郑州

江苏省
合肥⊙ 安徽省 南京⊙ 上海市
⊙上海

湖北省
⊙武汉

重庆市

浙江省
杭州⊙ 东海

江西省
长沙⊙ 南昌⊙
湖南省

福建省
⊙福州

钓鱼岛 赤尾屿

台湾省
⊙台北
台湾岛
兰屿
台湾海峡

广西壮族自治区

广东省
⊙广州
澳门 香港 东沙群岛
澳门

海南省
⊙海口
海南岛
南海

⊙南宁

南海诸岛
⊙南宁 广州 广东省 福建省 台湾省
广西壮族自治区 香港 台湾岛
澳门
海南省 东沙群岛
⊙海口
西沙群岛 南
永兴岛
中沙群岛
黄岩岛
南
沙
群
岛 海
曾母暗沙

你知道这四个地理区域的地理特征都有哪些不同之处吗？现在，我们就先从北方地区开始考察一下。

黄土地，黑土地——北方地区

北方地区位于中国地势的第二、三级阶梯，地形以平原和高原为主，西部有沟壑纵横的黄土高原，东部有面积广阔的东北平原和华北平原，濒临渤海和黄海。

黄土高原：是世界上最大的黄土堆积区，土质疏松，容易受到流水的侵蚀。农业以旱作为主，主要农作物有小麦、谷子等。

华北平原：由黄河、淮河、海河从黄土高原挟带的大量泥沙冲积而成，所以又常被称为"黄土地"。这里地势平坦，土壤肥沃，是中国重要的农业生产区，主要种植小麦和棉花。

东北平原：中国主要的黑土分布区，土壤肥沃，适合发展农业生产。

北方地区地跨寒温带、中温带和暖温带，大部分地区属于温带季风气候，冬季寒冷干燥，降水主要集中在夏季。这种气候对当地居民的生产和生活都产生了很大的影响。

耕地以旱地为主，适合发展旱作农业，一年一熟，一年两熟或两年三熟。

粮食作物：玉米、小麦

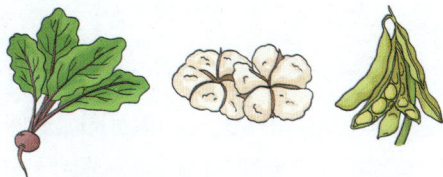

经济作物：甜菜、棉花、大豆

温带水果：苹果、桃、梨、山楂、柿子

北方冬季寒冷，居住的房屋都比较注意保暖，墙体厚实，室内习惯烧火炕。

冬季运动多为滑雪、滑冰。

居民主食以各种面食为主。

馒头　　　饼　　　面条

【小知识】

旱作农业是指无灌溉条件的半干旱和半湿润偏旱地区，主要依靠天然降水从事农业生产的一种雨养农业。

东北三省位于中国的东北部，包括黑龙江省、吉林省和辽宁省，边疆、临江和近海是东北三省的特点，战略位置十分重要。东北三省的地形以山地和平原为主，大兴安岭、小兴安岭、长白山组成一个包围圈，内部分布着辽阔坦荡的东北平原，外侧有黑龙江、乌苏里江、图们江和鸭绿江环绕流过，所以人们常用"山环水绕、沃野千里"来形容东北三省的山河分布形态。

这里是北方地区的重要林区，自然植被以针叶林和温带落叶阔叶林为主。

长白山位于吉林省东南部地区，地势由东南向西北逐渐降低，气候垂直变化明显，所以，植被从下往上也呈现出垂直分布的特点，通常在北坡500米以下为蒙古栎林，1100米以下为红松阔叶混交林带，1100~1700米为云冷杉（暗针叶林）林带，1700~2000米为亚高山岳桦林带，2000米以上一直到山顶为高山苔原带。

东北的山脉分布示意图

【小知识】中俄界河——黑龙江

黑龙江是流经蒙古、中国、俄罗斯的亚洲大河之一，因河水含腐殖质多，水色发黑，蜿蜒如蛟龙而得名。黑龙江全长约4370千米，在我国境内长约3474千米，大小支流约有200条，我国境内的松花江为其最大支流。黑龙江一路蜿蜒东流，在俄罗斯境内注入鄂霍次克海。2004年，中华人民共和国和俄罗斯联邦签署边界协定，以黑龙江及其支流乌苏里江为两国的界河。

东北三省地域辽阔，土质肥沃，水资源相对充足，这些优越的自然条件使东北三省成为中国最重要的商品粮生产基地。

东北平原地势平坦，耕地面积广，适宜大规模机械化耕作。

夏季温暖，雨热同期，光照充足，有利于农作物的生长，农作物一年一熟，盛产春小麦、玉米、大豆、水稻等。松嫩平原和辽河平原是玉米的集中产区，被称为中国的"玉米带"。

【小知识】哈尔滨冰灯节

东北三省纬度较高，又紧邻着亚洲北部寒冷的冬季季风源，所以冬季漫长严寒，降雪较多，当地的人们充分利用了这一气候条件，把冰雕刻成各种各样的灯罩，内部放灯，冰灯晶莹剔透，五光十色，极具观赏价值，于是逐渐形成了一个固定的节日——冰灯节，每年冬季，在黑龙江省哈尔滨市举行。

东北三省煤炭、石油、铁矿等矿产资源丰富，储量大，而且交通便利，为工业发展提供了良好的条件，是中国最大的重工业基地。

钢铁工业

机械制造

石油化工

木材加工

东北是中国重要的天然林区，大兴安岭、小兴安岭和长白山生长着茂密的森林，有丰富的动植物资源。

针叶林：生长着红松、落叶松和鱼鳞松等。

落叶阔叶林：有桦树、蒙古栎和椴树等。

长白山红景天　　　　　人参　　　猴头菇

梅花鹿　　　　　　　　　东北虎

长白山紫貂

【小知识】保护湿地

湿地包括湖泊、河流、水库、滩涂、沼泽等常年或季节性积水区域。东北三省有大面积的湿地，比如三江平原，从前人烟稀少，沼泽遍布，人称"北大荒"。经过 50 余年的大面积开荒，如今已成为名副其实的"北大仓"。但同时也使湿地生态遭到严重破坏，为此，国家决定停止开荒，并建立了黑龙江三江国家级自然保护区。

从东北三省向西南，翻过太行山，就来到了中国最大的黄土堆积区——黄土高原。它东起太行山脉，西至乌鞘岭，北连内蒙古高原，南抵秦岭，包括青海、甘肃、宁夏、山西、陕西、河南、内蒙古等省区的全部或部分地区。

【小知识】黄土是从哪儿来的

黄土的老家远在中亚、蒙古高原和中国西北部的内陆荒漠地区，这些地区气候干燥，常有强大的风，裹挟着黄土，从中部呈辐射状吹向荒漠的边缘，当风力减弱或遇到山脉阻挡时，黄土便纷纷扬扬地落下来。经过几百万年的不断累积，就形成了这样深厚的黄土层，塑造了黄土高原。

黄土高原的黄土覆盖厚度能超过 200 米，但黄土表面土质疏松，极易遭受流水的侵蚀，天长日久，使地表支离破碎，沟壑纵横，形成了多种多样的黄土地貌景观。

黄土塬（yuán）：顶部平坦开阔，四周被流水侵蚀形成沟壑。

黄土梁：塬面被流水侵蚀成长条状的山梁，绵延几千米。

黄土峁（mǎo）：梁被沟谷切割成馒头状的黄土丘，但斜坡处较陡。

黄土川：由沟谷发育而成，地势平坦，农业较发达，人口集中。

黄土高原虽千沟万壑，却蕴藏着极为丰富的能源资源，比如，煤炭、铝土、铜、铁等，其中煤炭储量约占全国已探明储量的2/3，而且煤种齐全，品质优良，因此又有"乌金高原"之称。

我们的母亲河——黄河，从黄土高原上奔流而过，带走大量土壤的同时，也留下了古老的文明，再加上独特的地理环境，形成了黄土高原上富有特色的民风民俗。

黄土高原表面土质疏松，但深处土层坚实厚重，挖掘不易崩塌，窑洞就成了此地特有的传统民居。

信天游是一种著名的陕北民歌，歌腔高亢而悠长，荡气回肠，具有极强的艺术感染力。

从黄土高原向东，我们来到了华北平原，在它的西北角就是中国的首都——北京。北京西面和北面背靠群山，地势由西北向东南倾斜，面积约1.7万平方千米。

作为六朝古都和历史文化名城，北京积淀了深厚的文化底蕴，留下了无数名胜古迹，深深地吸引着国内外的游客。长城、故宫、周口店北京猿人遗址、颐和园、天坛、明十三陵等，都先后被列入《世界遗产名录》。

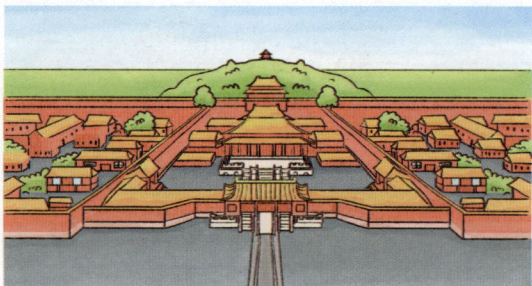

故宫又称紫禁城，是明、清两代的皇宫，位于北京城区中心，是中国现存最大、最完整的古代宫殿建筑群。

天安门是首都北京的象征。

人民大会堂是全国人民代表大会召开的场所。

颐和园是中国现存最大、保存最完整的皇家园林。

北京是全国的文化中心，有众多高等院校、科研机构、图书馆、博物馆、展览馆、体育场馆等。

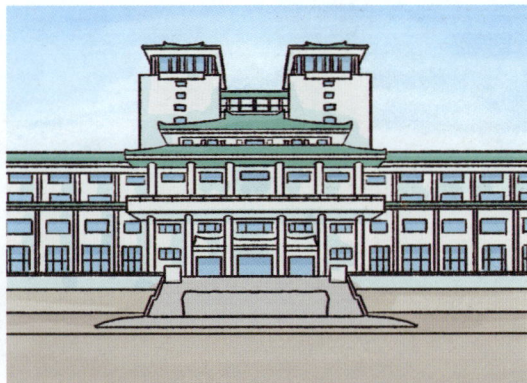
国家图书馆是全国藏书最多的图书馆。

国家体育场（鸟巢）为 2008 年北京奥运会的主体育场，可容纳观众 9.1 万人。

经过几十年的发展和城市建设，北京已成为全国的科技创新中心和国际交往中心，并形成了四通八达的现代化立体交通网络，是世界著名的国际化大都市之一。

中关村科技园区是经国务院批准建立的中国第一个国家级高新技术产业开发区。

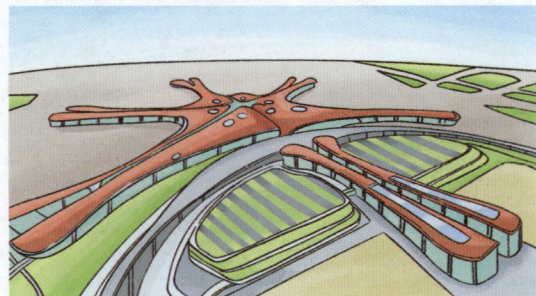
2019 年建成通航的北京大兴国际机场，为4F级国际机场，世界级航空枢纽。

17 红土地——南方地区

从北京一路向南，跨过秦岭—淮河，就是南方地区了。这里处于中国地势的第二、三级阶梯，地形复杂多样，来到这里，你会看到与北方地区大不相同的地理景观。

南方地区的西部以盆地和高原为主，其中最有代表性的就是四川盆地和云贵高原。

四川盆地的岩石和土壤都是紫色的，因此又被称为"紫色盆地"。紫色土壤中含有丰富的磷、钾等矿物养料，盛产水稻、棉花、油菜、甘蔗、柑橘等，物产富饶。

航拍四川盆地，犹如大自然的"调色板"。

云贵高原是中国少数民族分布最多的地区。石灰岩分布广泛，易受流水侵蚀，形成石林、孤峰、溶洞、地下暗河等，统称为喀斯特地形。经济林木、药材、矿产资源丰富。

云南石林

东部、南部有交错分布的平原、低山、丘陵、三角洲等，比如长江中下游平原、江汉平原、东南丘陵、珠江三角洲等。

长江中下游平原地区属亚热带季风气候，热量充足，降水丰沛，河湖众多，水网纵横，有"水乡"之称。土壤肥沃，多呈青灰色，富含有机质，以水田为主，农作物一年两熟到三熟，盛产水稻、茶叶、蚕桑、柑橘、甘蔗、鲜花、淡水鱼等，是中国重要的商品粮基地。

长江以南的广大丘陵地区，高温多雨，大多植被繁茂，有红壤广布。红壤属于酸性土壤，含铁、铝成分多，适宜种植茶树、油茶、杉木、马尾松等经济作物，是中国最大的茶叶产区。

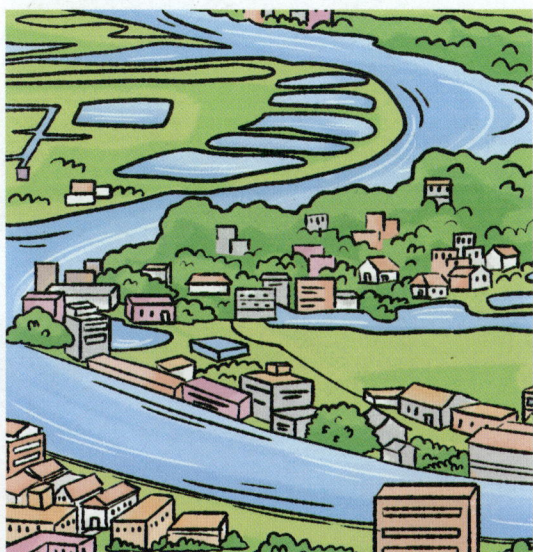

长江中下游平原

红壤

珠江三角洲包括广东省的中南部及香港、澳门特别行政区。这里地势低平、河网密布、温暖多雨，是中国重要的淡水鱼基地和花卉生产基地，也是中国人口集聚最多、综合实力最强的三大城市群之一。

【小知识】

南方地区属于湿润的亚热带、热带季风气候，夏季高温多雨，冬季温和少雨，四季植被常绿。正是这种水热充足的湿热环境造就了红色的土壤，南方地区也因此被称为"红土地"。

18 "鱼米之乡"——长江三角洲

在南方地区，最富庶的地方莫过于长江三角洲地区了。长江三角洲简称"长三角"，这里是由长江和钱塘江的泥沙淤积形成的冲积平原，是中国最大的河口三角洲，包括上海市、江苏省南部和浙江省北部地区。

长江三角洲地区地势低平，气候湿润，河网密布，湖泊众多，土壤肥沃，被誉为"鱼米之乡"。

这里河湖密布，是我国淡水鱼的主要产区。

这里以平原为主，是我国重要的水稻产区。

长江三角洲地区经济发展迅速，主要得益于它得天独厚的地理位置。此处位于长江和渤海、黄海的交汇之地，沿江沿海港口众多，既能通过长江干支流、京杭运河与内陆联系，又是南北海上航运的中枢，可通过远洋航线通往世界各地的港口。

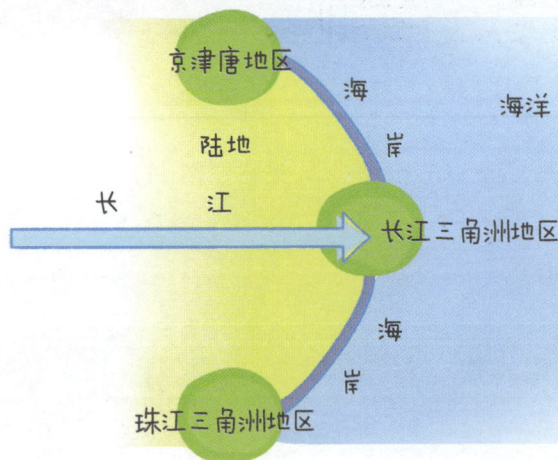

如果把长江比作"箭"，把东部沿海地区比作"弓"，那么长江三角洲就位于箭头的位置。

京津唐地区
陆地
海岸
海洋
长江
长江三角洲地区
海岸
珠江三角洲地区

经济发达，自然会吸引越来越多的人到这里定居，所以长江三角洲地区自古以来就是人口稠密的繁华富庶之地，形成了中国最大的城市群。

随着经济的发展，长江三角洲地区各城市之间的联系日益紧密，交通也越来越便捷。省际高速公路、城市间高速铁路，沿海、沿江联动协作的交通体系、区域机场等，使长江三角洲地区的人们往返于不同城市之间，就像是生活在同一座城市一样。

运行时间约为 30 分钟

高速铁路

杭州西湖　——→　车程约为 170 千米　——→　上海外滩

现代化的繁华都市，旖旎的水乡风光，深厚的历史积淀，让长江三角洲地区形成了独具特色的文化，吸引着无数国内外游客来此游览观光。

浦东因位于上海黄浦江东畔而得名，于 1990 年开发，如今已成为上海高新技术产业和现代工业的基地。

苏州有数十个风格各异的古典园林，其中，建于明朝的拙政园规模最大，最有名。

杭州西湖历史悠久，不仅有秀丽的自然风光，还有深厚的文化底蕴。

乌镇位于浙江省嘉兴市桐乡市，拥有悠久的历史，是典型的中国江南水乡古镇。

除此之外，长江三角洲地区的一些传统文化同样魅力无穷，满足了不同人群的旅游需求，使得长江三角洲地区成为旅游业最发达的地区之一。

长江三角洲地区属于亚热带季风气候，适宜种植桑树，栽桑养蚕历史悠久，丝绸制品享誉世界，因此被誉为"丝绸之乡"。

长江三角洲地区有丰富多彩的戏曲种类，如越剧、沪剧、昆曲、锡剧、扬剧等，以昆曲和越剧最为有名。

长江三角洲地区自古便产好茶，洞庭碧螺春、西湖龙井等，都是享誉全国的名茶。

作为"鱼米之乡"，长江三角洲地区在饮食方面发展出了许多富有特色的美食，如上海灌汤包、西湖醋鱼、南京盐水鸭等都是具有代表性的美食。

参观完长江三角洲地区，继续沿着海岸线向南，到达中国东南端，这里有中国的两个特别行政区——香港和澳门。它们分别位于珠江口的东、西两岸，扼守着珠江与南海交通的咽喉要道。

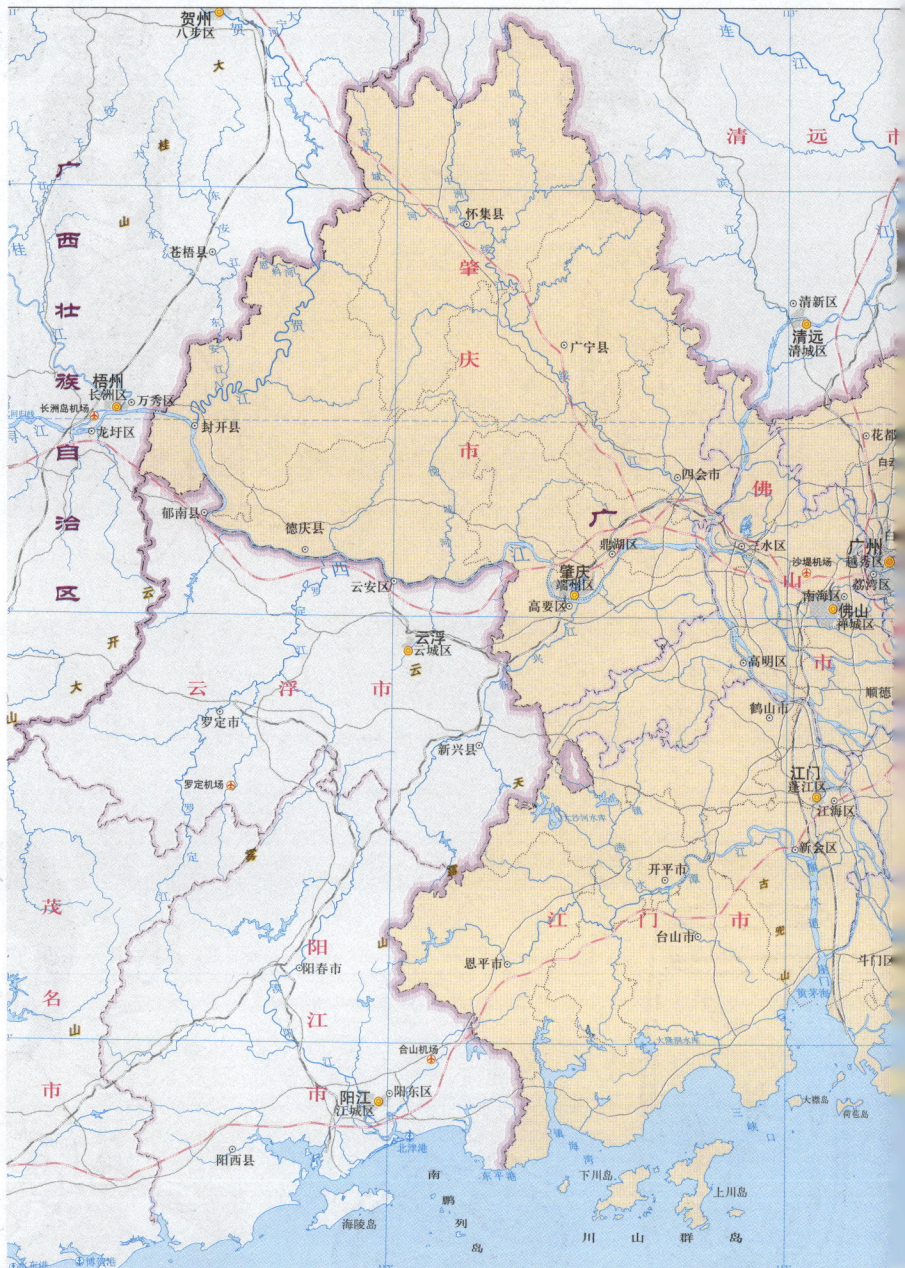

香港与广东省深圳市相连，由香港岛、九龙、新界组成，陆地面积为1104平方千米，总人口747.42万（2020），地理位置非常优越。

图　例

◎	省级行政中心	------	地级界
◉	地级市行政中心	------	县级界
○	县级行政中心	——	高速铁路
▨▨▨	大湾区范围线	——	铁路
------	省、自治区界	——	高速公路
------	特别行政区界	⚓	港口
		✈	机场

　　澳门地处珠江口西侧，北与广东省珠海市接壤，东与香港隔海相望，由澳门半岛、氹（dàng）仔岛、路环岛三个自然地理区域组成，面积约 29.2 平方千米，总人口 68.32 万（2020）。

香港原属广东省，1840 年鸦片战争后，被英国强行占领。直到 1997 年 7 月 1 日，香港才回归祖国的怀抱，并成立了中华人民共和国香港特别行政区，实行"一国两制"政策，即祖国内地实行社会主义制度，香港实行资本主义制度，50 年不变。

香港回归以来，经济发展与祖国内地紧密相连。国家实施了一系列对港优惠政策，促进了香港经济的持续繁荣，使其在国内外的影响力越来越大。现在，香港已成为重要的国际航运、贸易和金融中心。

厂房·能源

日常生活消费品

淡水

众多的劳动力资源

出口产品

管理

信息·技术

资金

香港和内地
的经济合作优势
互补·互惠互利·

澳门原属广东省香山县（今珠海市），1553年后被葡萄牙逐步侵占，直到1999年12月20日才回归祖国，并成立了澳门特别行政区，实行"一国两制"政策。

澳门博彩旅游业发达，吸引了世界各地，尤其是亚太地区旅游者前往观光，是其经济发展的支柱产业。

澳门大三巴牌坊

妈祖阁

澳门是传统的国际自由港和旅游名城，回归祖国后，继续奉行自由港政策，与世界上约120个国家有经贸往来，并成为内地与这些国家和地区经济合作的重要桥梁。

澳门与香港及内地的经济合作密切，比如，连接香港、珠海和澳门的跨海大桥——港珠澳大桥，是粤港澳三地合作项目，全长55千米，已于2018年10月24日正式通车，为粤港澳大湾区的建设与发展发挥着重要作用。

新葡京酒店位于澳门中心，是澳门的象征。

港珠澳大桥

20

从草原到荒漠——西北地区

　　沿着横断山脉向北，过了祁连山，就到了西北地区。这里主要位于中国地势的第二级阶梯，地形以高原和盆地为主。由于地处内陆，距海远，且有高山阻挡，使得西北地区降水少，是中国干旱面积最广的地区。现在就来欣赏一下西北地区的风光吧！

　　在新疆的吐鲁番盆地，河流沿岸和山麓地带分布着很多绿洲，为满足农作物生长的需要，人们通过坎儿井来获取地下水，形成了特色绿洲农业，成为粮棉瓜果之乡。

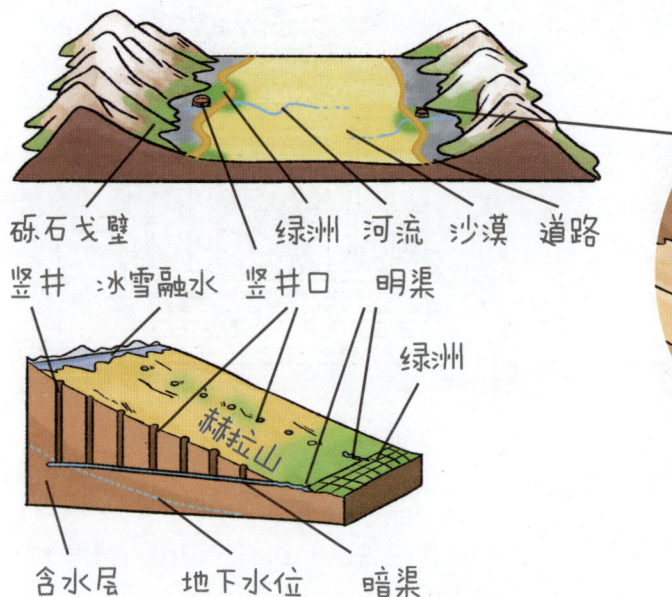

砾石戈壁　　绿洲　河流　沙漠　道路

竖井　冰雪融水　竖井口　　明渠

　　　　　　　　　　　　　　绿洲

赫赫拉山

含水层　　地下水位　　暗渠

坎儿井

　　天山山脉横亘中部，把新疆分为南、北两部分，山间多盆地和谷地，形成了"三山夹两盆"的特殊地形。

阿尔泰山脉

准噶尔盆地

天山山脉

塔里木盆地

昆仑山脉

　　塔里木河是中国流程最长的内流河，沿河地带多绿洲，是新疆重要的棉、粮、蚕桑和瓜果的生产基地。

塔里木河

内蒙古高原平坦开阔，是中国主要的天然牧场，以贺兰山为界，以东地区降水多，为典型的温带草原；以西地区降水稀少，地表多戈壁、沙漠，但山地降水较多，分布有高山草场。

贺兰山

以西地区降水较少 ← → 以东地区降水较多

河套平原灌溉区

在宁夏平原、河套平原上，人们用黄河水灌溉发展农业，盛产小麦、玉米、高粱、葵花子、甜菜等农作物，因此被誉为"塞上谷仓""塞上江南"。

河西走廊长约900千米，因位于黄河以西而得名，为古代"丝绸之路"的一部分，著名的莫高窟就在这里。

莫高窟

21

干旱的宝地——塔里木盆地

西北地区有中国面积最大的盆地——塔里木盆地，它位于中国新疆维吾尔自治区南部，天山山脉和昆仑山脉之间，极端干旱，戈壁、沙漠广布。

塔里木盆地里的塔克拉玛干沙漠，是中国面积最大的沙漠

那为什么会有这么多沙漠呢？因为塔里木盆地四周被高大的山脉环抱，距离海洋又很远，海洋的湿润气流很难到达这里，所以气候干燥，降水非常少。

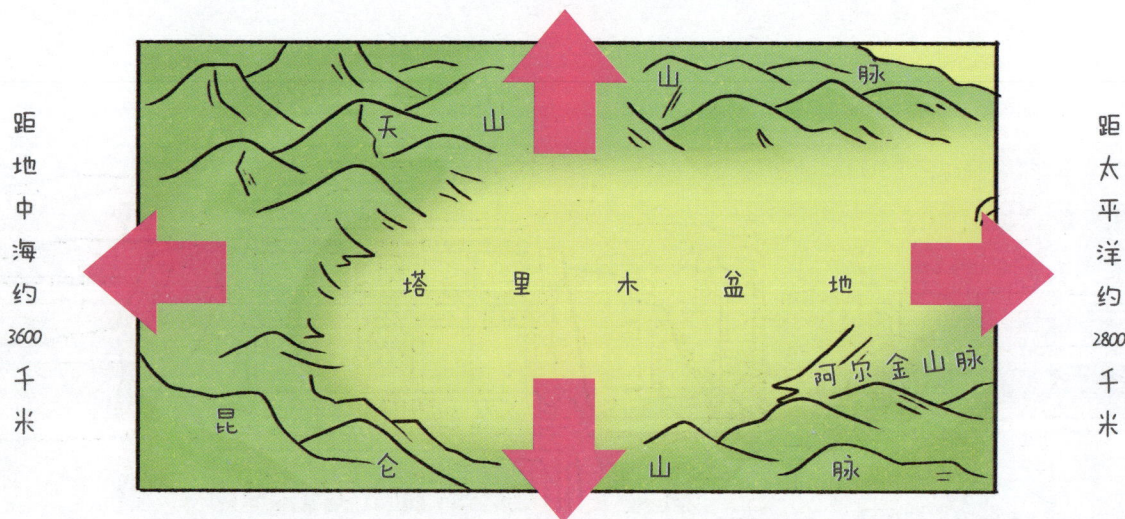

距北冰洋约 3200 千米

距地中海约 3600 千米

距太平洋约 2800 千米

距印度洋约 1800 千米

塔里木盆地的中心地带环境极其恶劣，人迹罕至，但在盆地边缘的山麓地带和河流沿岸，有来自山地的降水和冰雪融水，所以分布着星星点点的绿洲，当地的人们就生活在这些绿洲中，当地的交通线自然也是在这里。

塔里木沙漠公路是目前世界上在流动沙漠中修建的最长的公路，路两侧设置了栅栏和草方格，种植了梭梭、红柳等耐旱植物，能够防风固沙。

为什么国家要在大沙漠里修建这两条公路呢？因为塔里木盆地里蕴藏着丰富的油气资源，但气候严酷，交通不便，所以一直没有被开发。直到这两条沙漠公路建成后，国家开始西部大开发，塔里木盆地的油气资源才得以被开采，并通过西气东输工程输送到我国东部地区。

塔里木盆地建设了十几座油气田

西气东输工程带动了西部地区的经济发展，缓解了东部地区的能源短缺

22

中国海拔最高——青藏地区

　　欣赏完沙漠风光，翻越昆仑山脉，就到了中国海拔最高的地方——青藏地区，这里以高原为主，平均海拔在 4000 米。青藏高原有"世界屋脊"之称，属于中国的第一级阶梯。高原上分布着一系列的山脉，山脉之间是宽广的谷地和盆地。由于海拔高，许多山峰终年积雪，冰川广布。"远看是山，近看是川"说的就是这里的地形特征。

昆仑山脉：平均海拔约 6000 米，长约 2500 千米，是亚洲最长的东西走向山脉。

雅鲁藏布江中游地区海拔相对较低，聚集了西藏 80% 以上的人口，同时也是太阳能和地热资源最丰富的地区。

可可西里：大部分地区仍保持着原始的自然生态，是藏羚羊、藏野驴、藏原羚等多种高原特有野生动物的天堂。

柴达木盆地：中国地势最高的盆地，矿产资源非常丰富，尤其是钾盐储量占全国首位，有"聚宝盆"之称。

青藏地区虽然面积广大，但人口稀少，以藏族为主。高海拔的位置，高寒的气候，都影响着当地人的生活、生产和经济发展。

　　1. 衣：藏袍，早晚冷时裹紧御寒，中午热时可脱下袖子系在腰间。

　　2. 食：糌粑，就是把炒熟的青稞磨成面粉，以酥油茶或青稞酒拌匀后捏成小团食用，营养丰富、热量高，很适合充饥御寒，还便于携带和储藏。

糌粑　　酥油茶　　青稞酒

　　3. 住：藏族的碉房以石块为原料，墙体厚实，形似碉堡，既利于防风御寒，又便于御敌防盗。

　　4. 交通运输：以公路为主，青藏、川藏、滇藏、新藏等公路形成了以拉萨为中心的公路网。

　　5. 高寒牧区：青藏地区广泛分布着耐寒的高山草甸，生长着牦牛和藏绵羊等高原特有的牲畜。

牦牛

藏绵羊

　　6. 河谷农业：在雅鲁藏布江谷地、湟水谷地等海拔较低的地区，气温较高，土质较肥沃，适合农业发展，适宜种植青稞、小麦等农作物。

青稞

小麦